MW01704954

Cuisine végétarienne en 130 recettes

Carole Nitsche, Diététicienne
Un ouvrage dirigé par Florence Le Bras

FIRST
Editions

Légende des pictos

..... Nombre de personnes
..... Temps de préparation
..... Temps de cuisson
..... Temps de repos
..... Temps de réfrigération
..... Temps de congélation

ISBN : 978-2-7540-7490-2
Dépôt légal : juillet 2015
Imprimé en Italie

Direction éditoriale : Aurélie Starckmann
Mise en page : Olivier Frenot
Couverture : Joséphine Cormier

Éditions First, un département d'Édi8
12, avenue d'Italie
75013 Paris - France
Tél. : 01 44 16 09 00
Fax : 01 44 16 09 01
E-mail : firstinfo@efirst.com
Site internet : www.editionsfirst.fr

Introduction

Notre alimentation moderne se caractérise par une consommation excessive de protéines animales (viande, produits laitiers, poisson, œufs), mais aussi de lipides, particulièrement de graisses saturées fournies par la viande, le fromage, le lait, le beurre, la crème, ainsi que les fritures, les pâtisseries, les crèmes glacées. Nous consommons également trop de glucides, en particulier sous forme de glucides d'absorption rapide (glucides simples), fournis par les pâtisseries, le chocolat les sirops, les glaces, les sodas. Notre consommation d'excitants comme le café, le thé, l'alcool et le tabac est également excessive.

Et, paradoxalement, nous souffrons aussi de carences en fibres végétales, qui sont fournies par les légumes, les fruits, les céréales complètes (le manque de fibres entretient la constipation), mais aussi en sels minéraux, par insuffisance de consommation de végétaux de toutes sortes. Nous manquons aussi de vitamines, parce que nous consommons trop peu de végétaux, et trop d'alcool, de tabac, de conservateurs, de pesticides, de colorants, ce qui entraîne une diminution de l'utilisation optimale des vitamines, ainsi qu'un besoin physiologique augmenté.

Pour un meilleur équilibre alimentaire, et pour permettre de satisfaire nos besoins en vitamines, minéraux et fibres, il est actuellement recommandé de consommer au moins cinq fruits et/ou légumes par jour.

Certains d'entre vous sont adeptes d'une alimentation végétalienne ou végétarienne au quotidien. Mais, tout en conservant une alimentation carnée, vous pouvez aussi éprouver le besoin d'adopter, pour quelques jours, un régime essentiellement composé de fruits et de légumes.

L'alimentation exclusivement « végétalienne » qui consiste à consommer des produits d'origine végétale, sans aucun apport animal, est difficile à équilibrer en protéines. En effet, il existe huit acides aminés essentiels, les AAE, dont quatre sont faiblement présents dans les végétaux; ce sont la lysine, l'isoleucine, le tryptophane et la méthionine. Si les huit acides aminés essentiels ne sont pas présents dans l'alimentation en quantité suffisante, une carence d'absorption peut se manifester.

L'alimentation « ovo-lacto-végétarienne », qui inclut des produits laitiers et des œufs, permet d'assurer une bonne couverture des huit acides aminés essentiels, nécessaires pour assurer un renouvellement cellulaire satisfaisant.

Je vous propose dans ce petit livre plus de 130 recettes de plats et de desserts, simples à réaliser et savoureux à déguster. La plupart de ces recettes sont « ovo-lacto-végétariennes », certaines pouvant être exclusivement « végétaliennes ». À vous de trouver votre équilibre en complétant si besoin par un apport de produits laitiers au cours du repas.

Bon appétit !

Choucroute crue en salade aux saucisses de soja

4 · 15 min · 4 min

600 g de chou de choucroute cru • 4 saucisses « viennoises » au soja • 1 cuil. à café de cumin en grains • ½ cuil. à café de muscade râpée • 2 cuil. à soupe d'huile de tournesol • 20 g de vinaigre de miel • ½ cuil. à café de moutarde • sel, poivre

❶ Lavez deux fois à l'eau chaude le chou pour enlever l'acidité, essorez-le bien. ❷ Faites pocher pendant 3 à 4 minutes les saucisses de soja, puis coupez-les en petites rondelles. ❸ Coupez grossièrement le chou, ajoutez les rondelles de saucisse. ❹ Mélangez la moutarde avec le vinaigre, puis l'huile, ajoutez le cumin, la muscade, du sel, du poivre et versez sur la salade.

Couscous aux légumes

4 — 20 min — 30 min

200 g de semoule crue • 400 g de carottes • 200 g de navets • 2 courgettes • 200 g de céleri en branche • 80 g de raisins secs • 100 g de pois chiche cuits • 1 cube de bouillon de légumes 100 % végétal • carvi • sel, poivre

❶ Épluchez et coupez en morceaux les carottes et les navets, coupez le céleri branche en morceaux, faites cuire le tout dans le bouillon végétal reconstitué pendant 30 minutes. ❷ Coupez en morceaux les courgettes et ajoutez-les au bouillon au bout de 15 minutes, car les courgettes ont une cuisson plus courte. Ajustez l'assaisonnement avec sel, poivre et carvi. ❸ Faites gonfler la semoule dans une jatte en l'arrosant avec environ 50 cl d'eau chaude salée. ❹ Faites gonfler les raisins secs dans un peu d'eau chaude pendant 10 minutes, puis égouttez-les. Servez chaud avec les pois chiches.

Notre suggestion : vous pouvez ajouter d'autres légumes comme des aubergines, du fenouil, du pâtisson.

Curry de légumes

4 · 20 min · 1 h 30 min

1 kg de légumes variés (chou-fleur, carottes, navets, brocolis, champignons) • 1 cube de bouillon de légumes 100 % végétal • 2 cuil. à café de sucre roux • 400 g de tomates pelées • 1 cuil. à soupe de concentré de tomate • 30 cl de lait demi-écrémé • 2 cuil. à soupe de vinaigre de vin blanc • 2 cuil. à soupe d'huile de tournesol • 400 g d'oignons • 2 cuil. à café de curcuma moulu • 1 cuil. à café de graines de cumin • 1 cuil. à café de graines de moutarde • 1 cuil. à café de graines de fenugrec • 2 cuil. à soupe de graines de coriandre • 3 pincées de piment chili en poudre • 1 cuil. à café de gingembre moulu • 1 cuil. à café de grains de poivre

❶ Épluchez les légumes et coupez-les en petits morceaux. Pelez et hachez finement les oignons. ❷ Pilez toutes les épices dans un mortier, puis réservez-les. ❸ Faites dorer les oignons dans l'huile, puis ajoutez le lait et le vinaigre en remuant. ❹ Ajoutez le concentré de tomate, les tomates pelées, le sucre et le bouillon. Amenez à ébullition, puis laissez mijoter environ 1 heure en remuant de temps en temps. Ajoutez les légumes et faites cuire encore 30 à 40 minutes en remuant régulièrement. Servez chaud.

Notre suggestion : servez ce plat avec du riz. Vous pouvez aussi réaliser cette recette avec un seul légume. Pour gagner du temps, vous pouvez aussi acheter un mélange d'épices tout fait.

Flan d'aubergines et de haricots verts au basilic

4 — 15 min — 50 min

2 belles aubergines (500 g) • 500 g de haricots verts • 4 œufs • 60 cl de lait d'avoine ou de soja • 100 g de parmesan • 1 cuil. à café de quatre-épices • 2 cuil. à soupe de basilic haché • sel, poivre

❶ Effilez les haricots verts et faites-les cuire 10 minutes à l'eau bouillante salée. Pelez les aubergines et coupez-les en rectangles fins (comme des frites), faites-les cuire à l'étouffée pendant 10 à 12 minutes. ❷ Préchauffez le four à 210 °C (th. 7). Déposez les légumes cuits dans un plat allant au four. ❸ Battez les œufs en omelette, ajoutez le lait, le parmesan, le quatre-épices, le basilic, du sel et du poivre. ❹ Versez ce mélange sur les légumes et faites cuire au four pendant 25 à 30 minutes. Servez chaud avec de la salade verte.

Flan de carottes et de panais

4 · 15 min · 50 min

400 g de carottes • 400 g de panais • 4 œufs • 60 cl de lait de soja ou d'avoine • 40 g de farine • 80 g de gruyere • 20 à 30 brins de ciboulette • muscade • sel, poivre

❶ Lavez, épluchez, râpez les carottes et les panais, puis faites-les cuire à la vapeur pendant 10 à 15 minutes. ❷ Battez les œufs en omelette, ajoutez la farine, le lait, le gruyère râpé, la ciboulette ciselée, du sel, du poivre et de la muscade. ❸ Préchauffez le four à 210 °C (th. 7). Dans un plat à gratin disposez les légumes râpés cuits, versez dessus le mélange œufs-lait. ❹ Faites cuire au four pendant 30 à 35 minutes. Servez chaud ou tiède avec une salade verte.

Galettes de céréales

4 — 20 min — 15 min

200 g de grains de blé cuits • 200 g de grains d'orge perlé cuits • 50 g de graines de tournesol • 200 g de farine de blé complet • 1 botte d'oignons • 1 bulbe de fenouil • 350 g de fromage blanc maigre en faisselle • 100 g d'emmental râpé • muscade • 4 à 5 cuil. à soupe d'huile de tournesol ou d'olive • sel, poivre

❶ Épluchez les oignons, émincez-les finement. Lavez et émincez le fenouil. ❷ Laissez égoutter le fromage blanc, mélangez-le avec la farine, poivrez, salez, ajoutez de la muscade, puis le blé, l'orge, les graines de tournesol, l'emmental, le fenouil et les oignons. ❸ Malaxez bien, puis étalez cette pâte sur une planche et découpez des galettes rondes avec un emporte-pièce ou un verre retourné. ❹ Faites cuire les galettes dans une poêle avec un peu d'huile bien chaude. Vous pouvez aussi les cuire dans une poêle à revêtement antiadhésif sans ajouter d'huile. Servez chaud.

Notre suggestion : dégustez avec une salade verte ou des crudités variées. Vous pouvez remplacer les graines de tournesol par des graines de sésame ou des pépins de courge.

Hachis parmentier de légumes

4 · 20 min · 40 min

800 g de pommes de terre en purée • 200 g de tomates • 200 g de courgettes • 200 g de fenouil • 1 oignon • 2 gousses d'ail • 2 cuil. à soupe d'huile d'olive • 2 cuil. à soupe de crème fraîche (ou de crème de soja) • 80 g de gruyère râpé • 1 branche de thym • muscade • sel, poivre

❶ Épluchez l'ail et l'oignon, émincez-les. Coupez les tomates et les courgettes en petits dés, émincez le fenouil. ❷ Faites revenir l'ail et l'oignon dans une casserole avec l'huile. Ajoutez tomates, courgettes, fenouil et thym, salez, laissez cuire à feu doux jusqu'à ce que les légumes soient bien fondus, puis laissez évaporer l'eau. Écrasez le tout à la fourchette, ajoutez du sel, du poivre, de la muscade et la crème. ❸ Dans un plat à gratin, disposez une couche de purée de pommes de terre, puis les légumes écrasés et recouvrez d'une couche de purée de pommes de terre. ❹ Répartissez dessus le gruyère râpé et faites gratiner.

Notre suggestion : servez avec une salade verte. À la place de la purée de pommes de terre vous pouvez utiliser une purée de potiron.

Pain aux trois légumes

4 · 15 min · 50 min

250 g de carottes • 250 g d'épinards • 250 g de chou-fleur • 2 œufs • 20 cl de lait de soja ou d'avoine • 20 g de farine • 20 g de beurre ou de margarine • 4 branches de persil • muscade • sel, poivre

❶ Hachez le persil. Lavez, essuyez, équeutez les épinards, pelez les carottes, séparez le chou-fleur en petits bouquets. ❷ Faites cuire pendant 20 minutes à la vapeur et mixez en purée les légumes séparément. ❸ Battez les œufs en omelette, ajoutez le lait, la farine, du sel, du poivre, de la muscade et le persil haché. ❹ Préchauffez le four à 210 °C (th. 7). Beurrez un moule à cake. ❺ Mélangez avec chaque purée de légumes le tiers du mélange œufs-lait. ❻ Répartissez la purée d'épinard, puis de chou-fleur, puis de carotte dans le moule. Faites cuire au bain-marie pendant 30 à 40 minutes. Servez chaud, tiède ou froid.

Notre suggestion : servez avec une salade de pâtes.

Gnocchis à la romaine

4 15 min 35 min

150 g de semoule crue • 1 litre de lait écrémé ou demi-écrémé • 2 œufs • 100 g de gruyère râpé • muscade • sel, poivre

❶ Faites cuire la semoule dans le lait à petit feu jusqu'à ce que le liquide soit absorbé. En fin de cuisson, ajoutez les œufs battus en omelette, puis le gruyère râpé, salez, poivrez et ajoutez de la muscade à votre convenance. ❷ Mélangez bien, étalez sur une planche et découpez en carrés. ❸ Disposez-les sur une plaque allant au four et faites dorer.

Notre suggestion : vous pouvez servir ces gnocchis nature avec une salade verte ou une salade de tomates, ou les accompagner d'un coulis de tomates fraîches au basilic.

Poivrons farcis au riz

4 · 15 min · 35 min

4 poivrons (à vous de choisir la couleur) • 400 g de riz complet cuit • 2 œufs • 200 g de tomates en purée • 1 oignon • 3 branches d'estragon • cardamome • sel, poivre

❶ Épluchez l'oignon, émincez-le finement. Ciselez l'estragon. Lavez les poivrons et videz-les de leurs graines, faites-les cuire à la vapeur pendant 20 minutes, réservez-les. ❷ Préchauffez le four à 180 °C (th. 6). ❸ Mélangez le riz cuit avec la purée de tomates, l'oignon, l'estragon, les œufs battus en omelette, ajoutez quelques pincées de cardamome, salez et poivrez. ❹ Farcissez les poivrons cuits avec cette préparation, faites cuire au four pendant 15 minutes. Servez bien chaud.

Notre suggestion: accompagnez d'un émincé de courgettes et aubergines.

Risotto aux aubergines, aux tomates et au gorgonzola

4 · 15 min · 25 min

200 g de riz rond • 500 g d'aubergines • 400 g de tomates • 200 g de gorgonzola • 1 oignon • 2 gousses d'ail • 2 cuil. à soupe d'huile d'olive • 20 olives noires • 4 branches de basilic • 60 cl d'eau • sel, poivre

❶ Lavez, épluchez les aubergines et coupez-les en petits morceaux. Pelez et épépinez les tomates. Pelez et émincez l'oignon. Pelez et écrasez l'ail. Hachez le basilic. Dénoyautez les olives et coupez-les en quatre ou en rondelles. ❷ Faites cuire ensemble aubergines, tomates, oignon, olives, ail et basilic, salez et poivrez. Émiettez le gorgonzola. ❸ Faites chauffer l'huile dans une sauteuse, ajoutez le riz en pluie, remuez, laissez cuire 1 minute. Ajoutez une louche d'eau chaude, remuez délicatement. Continuez à ajouter les 60 cl l'eau chaude au fur et à mesure que le riz l'absorbe. Laissez mijoter une vingtaine de minutes à feu doux. ❹ Goûtez le riz lorsqu'il est tendre, assaisonnez avec sel et poivre, ajoutez les légumes cuits et le gorgonzola émietté, retirez du feu. Mélangez délicatement et servez aussitôt.

Potée de lentilles aux légumes

4 · 15 min · 40 min

200 g de lentilles vertes • 400 g de carottes • 400 g de poireaux • 400 g de pommes de terre • 4 oignons • 2 gousses d'ail • 1 branche de thym • 1 branche de romarin • 1 feuille de laurier • ½ l d'eau • sel, poivre

❶ Pelez les gousses d'ail. Épluchez carottes, pommes de terre, oignons et coupez-les en petits cubes, lavez les poireaux, émincez-les. ❷ Faites cuire le tout avec les lentilles, l'ail, le laurier, le thym, le romarin effeuillés et l'eau pendant 40 minutes, salez et poivrez. Servez chaud.

Notre suggestion : vous pouvez accompagner ce plat de salade verte.

Risotto aux épinards et au tofu

4 15 min 30 min

200 g de riz rond • 1 oignon • 500 g d'épinards hachés surgelés • 2 cuil. à soupe d'huile d'olive • 1 cube de bouillon de légumes 100 % végétal • 200 g de tofu • muscade • 60 cl d'eau • poivre

❶ Faites bouillir 60 cl d'eau avec le cube de bouillon végétal, plongez-y les épinards et faites-les cuire 5 minutes, égouttez, en gardant l'eau de cuisson. ❷ Épluchez l'oignon et coupez-le en fines lamelles. ❸ Dans une sauteuse, faites chauffer l'huile, ajoutez le riz en pluie, remuez, laissez cuire 1 minute. Ajoutez une louche de bouillon chaud, remuez délicatement. Continuez à ajouter le bouillon au fur et à mesure que le riz l'absorbe. Laissez mijoter pendant une vingtaine de minutes à feu doux, sans trop remuer. ❹ Goûtez le riz; lorsqu'il est tendre, poivrez, ajoutez les épinards, le tofu coupé en cubes, un peu de muscade, retirez du feu. Mélangez délicatement et servez aussitôt.

Risotto aux poireaux et au chèvre

4 | 15 min | 35 min

200 g de riz rond • 500 g de poireaux • 2 oignons • 2 cuil. à soupe d'huile d'olive ou de tournesol • 1 cube de bouillon de légumes 100 % végétal • 200 g de chèvre demi-sec • 2 cuil. à soupe de persil haché • muscade • 60 cl d'eau • poivre

❶ Lavez et émincez les poireaux. Faites bouillir 60 cl d'eau avec le cube de bouillon végétal, ajoutez les poireaux et faites-les cuire pendant 6 à 8 minutes. Égouttez-les en gardant l'eau de cuisson. ❷ Épluchez et émincez les oignons. Coupez en petits cubes le chèvre. ❸ Dans une sauteuse, faites chauffer l'huile, ajoutez le riz en pluie, remuez, laissez cuire 1 minute. Ajoutez une louche de bouillon chaud, remuez délicatement. Continuez à ajouter le bouillon au fur et à mesure que le riz l'absorbe. Laissez mijoter 20 minutes à feu doux. ❹ Poivrez, saupoudrez de muscade, ajoutez les poireaux cuits, le chèvre coupé, le persil haché. Mélangez et servez aussitôt.

Riz à la cantonaise au soja

4 · 15 min · 25 min

200 g de riz parfumé • 4 œufs • 200 g de petits pois frais, en boîte ou surgelés • 2 saucisses « viennoises » au soja • 2 cuil. à soupe d'huile de tournesol • 15 à 20 brins de persil • muscade • sel, poivre

❶ Faites cuire le riz dans un grand volume d'eau salée pendant 13 à 15 minutes, puis égouttez-le. ❷ Battez les œufs, ajoutez sel, poivre, muscade et faites cuire en omelette avec 1 cuillerée à soupe d'huile dans une poêle. Lorsque l'omelette est cuite, coupez-la en petits cubes, réservez-les au chaud. ❸ Coupez en rondelles les « viennoises » au soja et faites-les revenir à la poêle avec le reste d'huile, réservez au chaud. ❹ Faites réchauffer ou cuire les petits pois. ❺ Mélangez le riz cuit, les cubes d'omelette, les rondelles de « viennoise », les petits pois, réajustez l'assaisonnement en ajoutant sel, poivre et muscade. ❻ Ciselez le persil et ajoutez au moment de servir.

Salade de pommes de terre chaudes au tofu fumé

4 15 min 15 min

800 g de pommes de terre • 200 g de tofu fumé • 2 oignons • 30 à 40 brins de ciboulette • 4 cuil. à soupe d'huile de noix ou de tournesol • 3 cuil. à soupe de vinaigre de cidre • 1 cuil. à café de moutarde • muscade • sel, poivre

❶ Lavez les pommes de terre et faites-les cuire avec la peau en cocotte sous pression pendant 12 à 15 minutes. ❷ Pendant ce temps, pelez et émincez les oignons, ciselez la ciboulette, coupez le tofu fumé en petits cubes. Épluchez les pommes de terre cuites et coupez-les en rondelles. ❸ Mélangez les oignons émincés, les pommes de terre, le tofu et la ciboulette. ❹ Assaisonnez le tout avec une vinaigrette faite avec le vinaigre de cidre, la moutarde, l'huile, du sel et du poivre et un peu de muscade.

Taboulé au tofu

4 20 min

100 g de semoule crue (fine ou moyenne) • 200 g de tofu • 400 g de tomates • 1 concombre • 1 petite pomme • 50 g de raisins secs • 100 g d'olives noires • 2 cuil. à soupe d'huile d'olive • 2 citrons • 20 à 30 branches de menthe fraîche • sel, poivre

❶ Faites gonfler la semoule avec 25 cl d'eau chaude. ❷ Pelez et épépinez les tomates, puis coupez-les en petits cubes. Épluchez et coupez en dés le concombre et la pomme. Dénoyautez les olives et coupez-les en quatre ou en rondelles. ❸ Pressez les citrons et faites tremper les raisins secs dans le jus de citron. ❹ Mélangez la semoule gonflée avec l'huile d'olive, puis ajoutez tomates, concombre, pomme et raisins secs, salez et poivrez. ❺ Coupez le tofu en très petits cubes, ajoutez-le avec la menthe ciselée au premier mélange. Servez frais.

Terrine de courgettes, de céleri, de haricots verts et de carottes à la menthe

4 à 6 20 min 1 h 10 min

200 g de céleri rave • 400 g de courgettes • 400 g de carottes • 100 g de haricots verts • 1 oignon • 2 œufs • 20 cl de crème fraîche • 2 cuil. à soupe de menthe hachée • 2 cuil. à soupe de persil haché • 10 g de beurre ou de margarine • sel, poivre

❶ Effilez les haricots verts et faites-les cuire pendant 8 minutes à l'eau bouillante salée. Épluchez et coupez en bâtonnets les carottes. Coupez en bâtonnets sans les éplucher les courgettes. Faites blanchir à l'eau bouillante salée pendant 2 minutes les bâtonnets de carotte et de courgette. Épluchez et hachez finement l'oignon. Épluchez et coupez le céleri, faites-le cuire à la vapeur pendant 15 minutes, puis mixez-le en purée (vous pouvez aussi utiliser de la purée surgelée). ❷ Mélangez à la purée de céleri ainsi obtenue les œufs battus en omelette, la crème, l'oignon haché, le persil, la menthe, du sel et du poivre. ❸ Préchauffez le four à 210 °C (th. 7). Dans un petit moule à cake graissé avec le beurre ou la margarine, déposez les légumes en bâtonnets et les haricots verts, recouvrez avec le mélange à base de purée de céleri. ❹ Faites cuire au bain-marie pendant 40 à 45 minutes, laissez tiédir le four éteint. Servez tiède ou froid avec une salade verte.

Terrine de carottes aux noisettes

4 15 min 1 h

500 g de purée de carottes • 200 g de noisettes moulues • 125 g de pain complet • 1 oignon • 2 gousses d'ail • 1 cuil. à soupe d'huile d'olive • 1 cuil. à soupe de tahin (crème de sésame) • ½ cuil. à soupe de cannelle en poudre • ½ cuil. à soupe de cumin en poudre • 5 à 6 cuil. à soupe de bouillon de légumes • 2 branches de persil • sel, poivre

❶ Mixez le pain complet pour obtenir une chapelure fine. Épluchez l'ail et l'oignon, émincez-les. Faites-les suer dans une poêle sans matière grasse. ❷ Préchauffez le four à 180 °C (th. 6). ❸ Mélangez l'ail et l'oignon avec la purée de carottes, les noisettes, la chapelure, le bouillon de légumes et les épices. Salez et poivrez, malaxez pour obtenir une préparation homogène. ❹ Versez dans un moule à cake graissé, tassez et lissez la surface, couvrez avec un papier d'aluminium et faites cuire 1 heure au four, puis retirez le papier d'aluminium pour faire dorer 10 minutes. ❺ Laissez reposer 15 minutes avant le démoulage. Garnissez de persil frais finement haché.

Notre suggestion : dégustez cette terrine tiède avec des pommes de terre ou froide avec de la salade verte.

Timbale de pâtes florentine

4 · 15 min · 25 min

180 g de pâtes (coquillettes, torsettes, macaroni…) • 400 g d'épinards cuits hachés • 25 cl de lait écrémé ou demi-écrémé • 20 g de Maïzena • 40 g de gruyère râpé • muscade • sel

❶ Faites cuire les pâtes à l'eau bouillante salée. Égouttez-les bien. ❷ Préparez une béchamel : mélangez le lait froid avec la Maïzena et faites épaissir à feu doux. Salez et ajoutez de la muscade. ❸ Étalez les pâtes dans un plat à gratin, recouvrez avec les épinards, versez dessus la béchamel sans matière grasse, répartissez le gruyère râpé et faites gratiner.

LES SOUFFLÉS VÉGÉTARIENS

•

Soufflé au gruyère

4 10 min 30 min

40 cl de lait • 40 g de Maïzena • 2 œufs • 120 g de gruyère râpé • ½ cuil. à café de cannelle • muscade • sel, poivre

❶ Cassez les œufs en séparant les blancs des jaunes. Montez les blancs en neige ferme. ❷ Préchauffez le four à 150 °C (th. 5). ❸ Délayez la Maïzena avec le lait, faites épaissir à feu doux, ajoutez le gruyère râpé, la cannelle, de la muscade, du sel, du poivre, les jaunes d'œuf, puis incorporez délicatement les blancs en neige. ❹ Versez la préparation dans un moule à soufflé à revêtement anti-adhésif et faites cuire pendant 30 minutes. Servez dès la sortie du four.

Notre suggestion : accompagnez ce soufflé de crudités variées.

Soufflé à la betterave et à la menthe

4 · 15 min · 45 min

300 g de purée de pommes de terre • 3 œufs • 400 g de betteraves crues • 1 bouquet de menthe • sel, poivre

❶ Hachez la menthe. ❷ Cassez les œufs en séparant les blancs des jaunes. Battez les blancs en neige très ferme. ❸ Pelez les betteraves, faites-les cuire à la vapeur pendant 15 minutes et mixez-les finement. ❹ Préchauffez le four à 150 °C (th. 5). Mélangez la betterave mixée avec la purée de pomme de terre, ajoutez la menthe hachée, les jaunes d'œufs, un peu de sel et de poivre, puis incorporez délicatement les blancs en neige. ❺ Versez dans un moule à soufflé à revêtement antiadhésif et faites cuire pendant 30 minutes environ. Apportez à table immédiatement.

Notre suggestion : servez ce soufflé avec une salade de graines germées. Vous pouvez utiliser de la menthe surgelée.

Soufflé à la purée de pommes de terre aillée

4 | 15 min | 30 min

500 g de purée de pommes de terre • 3 œufs • 4 gousses d'ail • 4 branches de persil • sel, poivre

❶ Cassez les œufs en séparant les blancs des jaunes. Battez les blancs en neige très ferme. ❷ Préchauffez le four à 150 °C (th. 5). ❸ Hachez le persil. Épluchez les gousses d'ail, écrasez la pulpe au presse-ail, ajoutez-la à la purée de pommes de terre ainsi que le persil haché, les jaunes d'œufs, un peu de sel et de poivre. Incorporez délicatement les blancs en neige. ❹ Versez la préparation dans un moule à soufflé à revêtement antiadhésif et faites cuire pendant environ 30 minutes.

Notre suggestion : servez ce soufflé avec une salade verte ou une salade de tomates.

Soufflé au poivron rouge

4 — 20 min — 45 min

40 cl de lait écrémé ou demi-écrémé • 35 g de Maïzena • 4 œufs • 250 g de poivrons rouges • 50 g de gruyère râpé • 20 g de beurre • 1 branche de thym ou d'origan • sel, poivre

❶ Lavez les poivrons, épépinez-les et coupez-les en morceaux. Faites-les cuire à l'étouffée pendant 15 minutes environ et mixez-les pour les réduire en fine purée. ❷ Préchauffez le four à 150 °C (th. 5). Beurrez un moule à soufflé. ❸ Mélangez à froid la Maïzena avec le lait et faites épaissir à feu doux. Séparez les blancs des jaunes d'œufs. Ajoutez ensuite les jaunes, la purée de poivrons, le gruyère râpé, le thym ou l'origan, salez et poivrez. Battez les blancs d'œufs en neige très ferme et incorporez-les délicatement au premier mélange. ❹ Versez dans le moule et faites cuire pendant environ 30 minutes. Servez rapidement, pour éviter qu'il ne tombe.

Notre suggestion : servez avec une salade verte ou une salade de tomates saupoudrée d'origan.

Soufflé au reblochon et à la cardamome

4 | 15 min | 30 min

40 cl de lait • 40 g de Maïzena • 2 œufs • 120 g de reblochon • 1 cuil. à café de cardamome • sel

❶ Écroûtez le reblochon, écrasez-le ou mixez-le. ❷ Cassez les œufs en séparant les blancs des jaunes. Battez les blancs en neige très ferme. ❸ Préchauffez le four à 150 °C (th. 5). Délayez la Maïzena avec le lait et faites épaissir à feu doux. Ajoutez le reblochon, la cardamome et un peu de sel. Incorporez les jaunes d'œufs puis, délicatement, les blancs battus en neige. ❹ Versez la préparation dans un moule à soufflé à revêtement antiadhésif et faites cuire pendant 30 minutes.

Notre suggestion : servez avec une salade frisée aux noix.

Soufflé au roquefort et aux noix

4 · 15 min · 35 min

40 cl de lait • 40 g de Maïzena • 2 œufs • 100 g de roquefort • 50 g de noix en poudre • muscade • sel, poivre

❶ Préchauffez le four à 150 °C (th. 5). Délayez la Maïzena avec le lait, faites épaissir à feu doux. ❷ Cassez les œufs en séparant les blancs des jaunes. Incorporez les jaunes à la préparation, ajoutez le roquefort écrasé ou mixé, les noix en poudre, du sel, du poivre et de la muscade. Battez les blancs d'œufs en neige très ferme et incorporez-les délicatement au mélange. ❸ Versez dans un moule à soufflé à revêtement antiadhésif et faites cuire pendant 30 minutes. Servez dès la sortie du four.

Notre suggestion : servez avec une salade frisée aux noix assaisonnée d'huile de noix.

Soufflé aux brocolis et à l'estragon

4 15 min 45 min

300 g de purée de pommes de terre • 3 œufs • 400 g de brocolis • 1 cuil. à soupe d'estragon haché • sel, poivre

❶ Cassez les œufs en séparant les blancs des jaunes. ❷ Faites cuire à la vapeur les brocolis pendant 15 minutes, mixez-les, puis mélangez à la purée de pommes de terre, salez, poivrez, ajoutez l'estragon haché et les jaunes d'œufs. ❸ Préchauffez le four à 150 °C (th. 5). Battez les blancs d'œufs en neige très ferme puis incorporez-les délicatement à la préparation. ❹ Versez dans un moule à revêtement antiadhésif et faites cuire au four pendant 30 minutes environ. Servez immédiatement.

Notre suggestion : servez avec une salade d'endives.

Soufflé aux carottes et au cumin

4 · 15 min · 45 min

300 g de purée de pommes de terre • 3 œufs • 400 g de carottes • 2 cuil. à café de cumin en poudre • sel, poivre

❶ Cassez les œufs en séparant les blancs des jaunes. Battez les blancs en neige très ferme. ❷ Épluchez les carottes, coupez-les en rondelles fines et faites-les cuire à la vapeur pendant 15 minutes, puis mixez-les finement. ❸ Préchauffez le four à 150 °C (th. 5). Mélangez la purée de pommes de terre avec les carottes mixées, ajoutez sel, poivre et cumin. Incorporez à ce mélange les jaunes d'œufs, puis les blancs en neige. ❹ Versez la préparation dans un moule à soufflé à revêtement antiadhésif et faites cuire pendant 30 minutes environ. Servez immédiatement.

Notre suggestion : servez avec une salade de mâche ou de feuilles de chêne.

Soufflé aux champignons

4 · 15 min · 50 min

40 cl de lait demi-écrémé ou de lait de soja • 40 g de Maïzena • 2 œufs • 400 g de champignons • muscade • sel, poivre

❶ Lavez, essuyez et coupez les champignons en lamelles. Faites-les cuire à la vapeur pendant 20 minutes et mixez-les finement en purée. ❷ Préchauffez le four à 150 °C (th. 5). Cassez les œufs en séparant les blancs des jaunes. ❸ Délayez la Maïzena avec le lait, faites épaissir à feu doux, ajoutez les jaunes d'œufs, les champignons mixés, du sel, du poivre et de la muscade. ❹ Montez les blancs en neige très ferme, ajoutez-les délicatement au mélange. ❺ Versez la préparation dans un moule à revêtement antiadhésif, faites cuire au four pendant 30 minutes environ et servez sans attendre.

Notre suggestion : servez avec une salade verte.

Soufflé aux épinards et au chèvre

4 15 min 40 min

30 cl de lait • 30 g de Maïzena • 2 œufs • 300 g d'épinards • 100 g de chèvre mi-sec • sel, poivre

❶ Lavez, essorez et équeutez les épinards. Faites-les cuire à la vapeur pendant 10 minutes puis mixez-les. ❷ Préchauffez le four à 150 °C (th. 5). Écrasez ou mixez le chèvre. ❸ Cassez les œufs en séparant les blancs des jaunes. Battez les blancs en neige très ferme. ❹ Délayez la Maïzena avec le lait, faites épaissir à feu doux, ajoutez les jaunes d'œufs, les épinards mixés, le chèvre écrasé, un peu de sel et de poivre, puis enfin incorporez délicatement les blancs en neige. ❺ Versez la préparation dans un moule à soufflé à revêtement antiadhésif et faites cuire au four pendant 30 minutes environ. Servez sans attendre.

Notre suggestion : servez avec une salade de soja.

Soufflé aux fenouils et aux navets

4 15 min 45 min

30 cl de lait • 30 g de Maïzena • 2 œufs • 200 g de navets • 200 g de fenouils • ½ cuil. à café de curry • sel

❶ Lavez, épluchez, émincez navets et fenouils, puis faites-les cuire à la vapeur pendant 15 minutes. Mixez ensemble les légumes. ❷ Cassez les œufs en séparant les blancs des jaunes. Battez les blancs en neige très ferme. ❸ Préchauffez le four à 150 °C (th. 5) Délayez la Maïzena avec le lait et faites épaissir à feu doux, ajoutez sel, curry, purée de légumes, jaunes d'œufs, puis incorporez délicatement les blancs battus. ❹ Versez la préparation dans un moule à soufflé à revêtement antiadhésif et faites cuire pendant 30 minutes environ.

Notre suggestion : servez avec une salade de tomates ou une salade verte.

Soufflé façon pistou

4 · 15 min · 35 min

50 cl de lait • 50 g de Maïzena • 3 œufs • 1 petit bouquet de basilic • 5 gousses d'ail • sel, poivre

❶ Effeuillez le basilic, épluchez les gousses d'ail et mixez-les. ❷ Cassez les œufs en séparant les blancs des jaunes. Battez les blancs en neige très ferme. ❸ Préchauffez le four th. 5 (150 °). Délayez la Maïzena avec le lait, faites épaissir à feu doux, ajoutez sel, poivre, jaunes d'œufs, basilic et ail mixés, puis incorporez délicatement les blancs battus en neige. ❹ Versez dans un moule à soufflé à revêtement antiadhésif et faites cuire pendant 30 minutes environ. Servez immédiatement.

Notre suggestion : accompagnez ce soufflé d'une salade de tomates et de roquette.

Tarte à l'artichaut, aux noisettes et aux dattes

4 · 15 min · 20 min · 35 min

Pâte : 125 g de farine • 60 g de beurre ou de margarine • sel

Garniture : 400 g de cœurs d'artichaut cuits • 50 g de noisettes en poudre • 150 g de dattes (une vingtaine) • 1 œuf • 15 cl de lait d'avoine ou de soja • cumin en poudre • sel, poivre

❶ Mélangez la farine, une pincée de sel et la matière grasse, puis ajoutez 2 cuillerées à soupe d'eau pour former le pâton. Laissez reposer 15 à 20 minutes avant d'étaler. ❷ Préchauffez le four à 210 °C (th. 7). ❸ Coupez les cœurs d'artichaut en deux ou quatre. Coupez les dattes en deux dans le sens de la longueur pour retirer le noyau. ❹ Disposez la pâte sur un moule à tarte à revêtement antiadhésif de 24 cm de diamètre, répartissez dessus les cœurs d'artichaut et les dattes. ❺ Battez l'œuf en omelette, ajoutez le lait, une pointe de couteau de cumin, les noisettes en poudre, du sel et du poivre. Faites cuire pendant 25 à 35 minutes. Servez chaud.

Notre suggestion : servez avec une salade verte assaisonnée avec de l'huile de noisette.

Tarte à l'oignon

4 15 min 20 min 50 min

Pâte : 125 g de farine d'épeautre • 60 g de beurre ou de margarine • sel
Garniture : 600 g d'oignons • 1 œuf • 10 g de farine • 20 cl de lait demi-écrémé ou de lait de soja • 50 g de gruyère râpé • muscade • sel, poivre

❶ Mélangez la farine, une pincée de sel et la matière grasse, puis ajoutez 2 cuillerées à soupe d'eau pour former le pâton. Laissez reposer 15 à 20 minutes avant d'étaler. ❷ Pelez et coupez finement les oignons. Faites-les cuire à l'étouffée avec sel, poivre et muscade pendant 15 minutes. En fin de cuisson, ajoutez la farine et mélangez. ❸ Disposez la pâte sur un moule à tarte à revêtement antiadhésif de 24 cm de diamètre. Répartissez les oignons cuits sur la pâte. ❹ Battez l'œuf en omelette avec le lait, versez sur les oignons, puis saupoudrez de gruyère râpé. ❺ Faites cuire au four pendant 25 à 35 minutes. Servez chaud ou tiède avec une salade verte.

Tarte à la tomate et à l'estragon

4 15 min 20 min 50 min

Pâte : 125 g de farine blanche • 60 g de beurre ou de margarine • sel
Garniture : 800 g de tomates fraîches ou de tomates en boîte pelées et épépinées • 1 bouquet d'estragon • 50 g de parmesan râpé • sel, poivre

❶ Mélangez la farine, une pincée de sel et la matière grasse, puis ajoutez 2 cuillerées à soupe d'eau pour former le pâton. Laissez reposer 15 à 20 minutes avant d'étaler. ❷ Ciselez l'estragon. Pelez et épépinez les tomates et faites-les revenir dans un fait-tout avec l'estragon pour faire évaporer un maximum d'eau. ❸ Préchauffez le four à 180 °C (th. 6). ❹ Disposez la pâte sur un moule à tarte à revêtement antiadhésif de 24 cm de diamètre. Mettez les tomates sur la pâte, parsemez-les de parmesan. ❺ Faites cuire au four pendant 25 à 35 minutes.

Notre suggestion: servez chaud avec une salade de roquette.

Tarte à la ratatouille

4 · 15 min · 20 min · 50 min

Pâte: 125 g de farine blanche • 5 cl d'huile d'olive • sel
Garniture: 200 g d'aubergines • 200 g de courgettes • 200 g de tomates • 100 g de poivrons • 100 g d'oignons • 1 gousse d'ail • 1 cuil. à soupe de thym frais ou surgelé • ½ cuil. à soupe de romarin frais ou surgelé • sel, poivre

❶ Mélangez la farine, une pincée de sel et l'huile, puis ajoutez 2 cuillerées à soupe d'eau pour former le pâton. Laissez reposer 15 à 20 minutes. ❷ Préchauffez le four à 180 °C (th. 6). Étalez la pâte et disposez-la sur un moule à revêtement antiadhésif de 24 cm de diamètre. Faites cuire à blanc la pâte à tarte (en disposant dessus des haricots secs pour qu'elle ne lève pas) pendant 15 à 20 minutes. ❸ Pendant ce temps, coupez finement les légumes et les oignons, et faites-les cuire à l'étouffée avec le thym, le romarin, l'ail écrasé, du sel et du poivre. ❹ Faites bien évaporer l'eau de la ratatouille, puis disposez-la sur la pâte cuite.

Notre suggestion : servez chaud avec de la salade verte assaisonnée à l'huile d'olive.

Tarte au chèvre et aux pignons de pin

4 — 15 min — 20 min — 35 min

Pâte : 125 g de farine • 60 g de beurre ou de margarine • sel
Garniture : 200 g de chèvre frais • 1 œuf • 15 cl de lait de chèvre • 50 g de pignons de pin • sel, poivre

❶ Mélangez la farine avec une pincée de sel et la matière grasse, puis ajoutez 2 cuillerées à soupe d'eau pour former le pâton. Laissez reposer 15 à 20 minutes. ❷ Préchauffez le four à 180 °C (th. 6). Étalez la pâte et disposez-la sur un moule à tarte à revêtement antiadhésif de 24 cm de diamètre. Répartissez dessus le chèvre coupé en lamelles. ❸ Battez l'œuf en omelette, ajoutez le lait, assaisonnez avec sel et poivre, versez sur le chèvre. Saupoudrez avec les pignons et faites cuire pendant 25 à 35 minutes.

Notre suggestion : servez chaud ou froid avec une salade verte.

Tarte au chou-fleur et au brocoli

4 | 15 min | 20 min | 50 min

Pâte : 125 g de farine de sarrasin • 60 g de beurre ou de margarine • sel
Garniture : 300 g de chou-fleur • 300 g de brocoli • 20 cl de lait demi-écrémé ou de lait de soja • 15 g de Maïzena • 40 g de gruyère râpé • sel, poivre

❶ Mélangez farine, sel et matière grasse, puis ajoutez 2 cuillerées à soupe d'eau pour former le pâton. Laissez reposer 15 à 20 minutes avant d'étaler. ❷ Lavez et coupez chou-fleur et brocolis, faites-les cuire à la vapeur pendant 20 minutes. ❸ Disposez la pâte sur un moule à tarte. Préchauffez le four à 180 °C (th. 6). ❹ Délayez la Maïzena avec le lait froid et faites épaissir à feu doux, ajoutez le gruyère râpé. Salez et poivrez. Répartissez sur la pâte le chou-fleur et les brocolis, versez la béchamel. ❺ Faites cuire 25 à 35 minutes.

Notre suggestion : servez chaud avec une salade verte.

Tarte au munster et au cumin

4 — 15 min — 20 min — 35 min

Pâte : 125 g de farine complète • 60 g de beurre ou de margarine • sel
Garniture : 200 g de munster • 2 œufs • 25 cl de lait demi-écrémé ou de lait de soja • ½ cuil. à café de cumin en poudre • sel

❶ Mélangez la farine, une pincée de sel et la matière grasse, puis ajoutez 2 cuillerées à soupe d'eau pour former le pâton. Laissez reposer 15 à 20 minutes. ❷ Préchauffez le four à 180 °C (th. 6). Étalez la pâte et garnissez un moule à revêtement antiadhésif de 24 cm de diametre. ❸ Coupez en fines lamelles le munster et disposez-le sur la pâte. Battez les œufs en omelette avec le lait, le cumin et une pincée de sel. ❹ Faites cuire au four pendant 25 à 35 minutes.

Notre suggestion : servez chaud avec une salade frisée.

Tarte au potiron et à la cannelle

4 · 15 min · 20 min · 50 min

Pâte : 125 g de farine de châtaigne • 60 g de beurre ou de margarine • sel

Garniture : 600 g de potiron • 20 cl de lait demi-écrémé ou de lait de soja • 15 g de Maïzena • ½ cuil. à café de cannelle • sel, poivre

❶ Râpez le potiron, faites-le cuire à la vapeur pendant 10 minutes. ❷ Mélangez la farine, une pincée de sel et la matière grasse, puis ajoutez 2 cuillerées à soupe d'eau pour former le pâton. Laissez reposer 15 à 20 minutes. ❸ Préchauffez le four à 180 °C (th. 6). Étalez la pâte et disposez-la sur un moule à tarte à revêtement antiadhésif de 24 cm de diamètre. ❹ Délayez la Maïzena dans le lait et faites épaissir à feu doux. Ajoutez sel, poivre et cannelle. Répartissez sur la pâte le potiron cuit, puis la béchamel. ❺ Faites cuire au four pendant 25 à 35 minutes.

Notre suggestion : servez chaud avec une salade frisée.

Tarte au roquefort et aux amandes

4 · 15 min · 20 min · 35 min

Pâte : 125 g de farine complète • 60 g de beurre ou de margarine • sel
Garniture : 150 g de roquefort • 2 œufs • 15 cl de lait demi-écrémé ou de lait de soja • 50 g d'amandes concassées • ½ cuil. à café de muscade • sel, poivre

❶ Mélangez farine, sel et matière grasse, puis ajoutez 2 cuillerées à soupe d'eau pour former le pâton. Laissez reposer 15 à 20 minutes. ❷ Préchauffez le four à 180 °C (th. 6). Étalez la pâte et disposez-la sur un moule à revêtement antiadhésif de 24 cm de diamètre. ❸ Écrasez le roquefort, ajoutez les œufs battus en omelette, le lait, les amandes, la muscade, un peu de sel et de poivre. ❹ Répartissez sur la pâte et faites cuire pendant 25 à 35 minutes.

Notre suggestion : servez chaud ou froid avec une salade verte.

Tarte aux asperges vertes, à la pistache et au brie

4 | 15 min | 20 min | 35 min

Pâte : 125 g de farine complète • 60 g de beurre ou de margarine • sel
Garniture : 200 g d'asperges vertes (2 petits bocaux) • 100 g de pistache décortiquée • 120 g de brie • 1 œuf • 15 cl de lait demi-écrémé ou de lait de soja • ½ cuil. à café de curry • sel

❶ Mélangez la farine, une pincée de sel et la matière grasse, puis ajoutez 2 cuillerées à soupe d'eau pour former le pâton. Laissez reposer 15 à 20 minutes avant d'étaler. ❷ Préchauffez le four à 210 °C (th. 7). Disposez la pâte sur un moule à revêtement antiadhésif de 24 cm de diamètre. ❸ Égouttez bien les asperges, concassez les pistaches, coupez le brie en lamelles. Répartissez le tout sur la pâte. ❹ Battez l'œuf en omelette, ajoutez le lait, du sel, le curry, puis versez sur la tarte. ❺ Faites cuire pendant 25 à 35 minutes.

Notre suggestion : servez chaud avec une salade d'endives ou des carottes râpées.

Tarte aux carottes

4 15 min 20 min 50 min

Pâte : 125 g de farine • 60 g de beurre ou de margarine • sel

Garniture : 600 g de carottes • 1 œuf • 15 cl de lait demi-écrémé ou de lait de soja • 4 branches de persil frais • muscade • sel

❶ Mélangez la farine, une pincée de sel et la matière grasse, puis ajoutez 2 cuillerées à soupe d'eau pour former le pâton. Laissez reposer 15 à 20 minutes avant d'étaler. ❷ Hachez le persil. Réservez. ❸ Lavez les carottes et coupez-les en rondelles, en cubes ou râpez-les. Faites-les cuire à la vapeur pendant 15 minutes. ❹ Préchauffez le four à 180 °C (th. 6). Étalez la pâte et disposez-la sur un moule de 24 cm de diamètre. Répartissez dessus les carottes cuites. ❺ Battez l'œuf en omelette, ajoutez le lait, le persil haché, de la muscade, une petite pincée de sel, puis versez sur les carottes. ❻ Faites cuire 25 à 35 minutes au four.

Notre suggestion : servez chaud ou froid avec une salade verte.

Tarte aux champignons, aux pommes et aux noix

4 · 15 min · 20 min · 55 min

Pâte : 125 g de farine de châtaigne • 60 g de beurre ou de margarine • sel

Garniture : 400 g de champignons • 1 pomme • 50 g de noix • 20 cl de lait demi-écrémé ou de lait de soja • 15 g de Maïzena • ½ cuil. à café de cannelle • sel, poivre

❶ Mélangez la farine, une pincée de sel et la matière grasse, puis ajoutez 2 cuillerées à soupe d'eau pour former le pâton. Laissez reposer 15 à 20 minutes avant d'étaler. ❷ Lavez et émincez les champignons, puis faites-les cuire à l'étouffée pendant 15 minutes. Râpez la pomme et faites-la cuire à la vapeur 10 minutes. ❸ Préchauffez le four à 180 °C (th. 6). Disposez la pâte sur un moule à revêtement antiadhésif de 24 cm de diamètre. ❹ Délayez la Maïzena avec le lait et faites épaissir à feu doux, ajoutez les noix concassées, la cannelle, un peu de poivre et du sel. ❺ Disposez sur la pâte les champignons cuits, la pomme râpée cuite, la béchamel sans matière grasse. ❻ Faites cuire au four pendant 25 à 35 minutes.

Notre suggestion : servez avec une salade d'endives assaisonnée avec de l'huile de noix.

Tarte aux côtes de blettes à la tomate

4 15 min 20 min 50 min

Pâte : 125 g de farine de sarrasin • 60 g de beurre ou de margarine • sel
Garniture : 500 g de côtes de blettes • 300 g de tomates • 3 branches d'estragon • sel, poivre

❶ Mélangez la farine, une pincée de sel et la matière grasse, puis ajoutez 2 cuillerées à soupe d'eau pour former le pâton. Laissez reposer 15 à 20 minutes avant d'étaler. ❷ Lavez et coupez les blettes. Pelez et épépinez les tomates. Ciselez l'estragon. Faites cuire à l'étouffée les blettes, les tomates et l'estragon. ❸ Préchauffez le four à 180 °C (th. 6). Disposez la pâte sur un moule à tarte à revêtement antiadhésif de 24 cm de diamètre et faites cuire au four à blanc (garnissez-la de haricots secs pour éviter que la pâte ne gonfle) pendant 15 à 20 minutes. ❹ Répartissez sur la pâte les légumes cuits.

Notre suggestion: servez très chaud avec une salade verte.

Tarte aux courgettes et au fenouil

4 15 min 20 min 50 min

Pâte: 125 g de farine blanche • 60 g de beurre ou de margarine • sel
Garniture: 300 g de courgettes • 300 g de fenouil • 20 cl de lait demi-écrémé ou de lait de soja • 15 g de Maïzena • ½ bouquet d'aneth • sel, poivre

❶ Mélangez la farine, une pincée de sel et la matière grasse, puis ajoutez 2 cuillerées à soupe d'eau pour former le pâton. Laissez reposer 15 à 20 minutes avant d'étaler. ❷ Ciselez l'aneth. Lavez et râpez courgettes et fenouil, faites-les cuire à la vapeur pendant 15 minutes. ❸ Préchauffez le four à 180 °C (th. 6). Disposez la pâte sur un moule à tarte à revêtement antiadhésif de 24 cm de diamètre. ❹ Délayez la Maïzena dans le lait froid, faites épaissir à feu doux, ajoutez l'aneth et un peu de sel et de poivre. ❺ Disposez les légumes cuits sur la pâte puis versez la béchamel et faites cuire au four pendant 25 à 35 minutes.

Notre suggestion : servez chaud avec une salade de tomates.

Tarte aux courgettes et au roquefort

4 15 min 20 min 50 min

Pâte : 125 g de farine • 60 g de beurre ou de margarine • sel
Garniture : 800 g de courgettes • 150 g de roquefort • 2 œufs • 25 cl de lait écrémé ou demi-écrémé • muscade, origan • poivre, sel

❶ Mélangez la farine, une pincée de sel et la matière grasse, puis ajoutez 2 cuillerées à soupe d'eau pour former le pâton. Laissez reposer 15 à 20 minutes avant de l'étaler. ❷ Coupez les courgettes en petits cubes et faites-les cuire à l'étouffée pendant 10 minutes. ❸ Préchauffez le four à 180 °C (th. 6). Disposez la pâte sur un moule à tarte à revêtement antiadhésif de 24 cm de diamètre, émiettez le roquefort sur le fond de tarte, répartissez les courgettes cuites dessus. ❹ Battez les œufs en omelette, ajoutez le lait, de l'origan, un peu de sel, du poivre et de la muscade. ❺ Faites cuire 35 à 40 minutes.

Notre suggestion : accompagnez cette tarte d'une salade de laitue et de tomates. Vous pouvez aussi utiliser du lait de soja à la place du lait de vache.

Tarte aux épinards

4 15 min 20 min 50 min

Pâte : 125 g de farine d'épeautre • 60 g de beurre ou de margarine • sel
Garniture : 600 g d'épinards • 20 cl de lait demi-écrémé ou de lait de soja • 15 g de Maïzena • ½ cuil. à café de cardamome • sel, poivre

❶ Mélangez la farine, une pincée de sel et la matière grasse, puis ajoutez 2 cuillerées à soupe d'eau pour former le pâton. Laissez reposer 15 à 20 minutes avant d'étaler. ❷ Lavez et équeutez les épinards, faites-les cuire à la vapeur pendant 10 minutes, puis coupez-les grossièrement. ❸ Préchauffez le four à 180 °C (th. 6). Disposez la pâte sur un moule à tarte à revêtement antiadhésif de 24 cm de diamètre. ❹ Délayez la Maïzena avec le lait froid et faites épaissir à feu doux, ajoutez la cardamome et un peu de sel et de poivre. ❺ Répartissez les épinards cuits et coupés sur la pâte, ajoutez la béchamel sans matière grasse, faites cuire au four pendant 25 à 35 minutes.

Notre suggestion : servez chaud avec une salade verte vinaigrette ou des carottes vapeur.

Tarte aux légumes râpés

4 · 15 min · 20 min · 50 min

Pâte : 125 g de farine de châtaigne • 60 g de beurre ou de margarine • sel
Garniture : 150 g de carottes • 150 g de céleri rave • 150 g de betteraves crues • 100 g d'oignons • 20 cl de lait demi-écrémé ou de soja • 1 œuf • 4 pincées de curry • 1 pointe de couteau de muscade • sel, poivre

❶ Mélangez la farine, une pincée de sel et la matière grasse, puis ajoutez 2 cuillerées à soupe d'eau pour former le pâton. Laissez reposer 15 à 20 minutes avant d'étaler. ❷ Épluchez et râpez carottes, betteraves, céleri, oignons et faites-les cuire à la vapeur pendant 15 minutes. ❸ Préchauffez le four à 180 °C (th. 6). Disposez la pâte sur un moule à tarte à revêtement antiadhésif de 24 cm de diamètre. Répartissez les légumes râpés cuits sur la pâte. ❹ Battez l'œuf en omelette avec le lait, le curry, la muscade, du sel et du poivre et versez sur les légumes. ❺ Faites cuire au four pendant 25 à 35 minutes.

Notre suggestion: servez chaud ou froid avec une salade verte ou une salade de tomates.

Tarte aux navets et aux poires

4 15 min 20 min 55 min

Pâte: 125 g de farine complète • 60 g de beurre ou de margarine • sel
Garniture: 400 g de navets • 200 g de poires • 1 œuf • 20 cl de lait demi-écrémé ou de soja • 1 cuil. à soupe de persil haché • muscade • sel

❶ Mélangez la farine, une pincée de sel et la matière grasse, puis ajoutez 2 cuillerées à soupe d'eau pour former le pâton. Laissez reposer 15 à 20 minutes avant d'étaler. ❷ Épluchez et râpez navets et poires, puis faites-les cuire à la vapeur pendant 20 minutes. ❸ Préchauffez le four à 180 °C (th. 6). Disposez la pâte sur un moule à tarte à revêtement antiadhésif de 24 cm de diamètre. Disposez dessus navets et poires cuits. ❹ Battez l'œuf en omelette avec le lait, le persil, un peu de sel et de muscade, versez sur la tarte. ❺ Faites cuire au four pendant 25 à 35 minutes.

Notre suggestion: servez chaud avec une salade frisée aux noix.

Tarte aux poireaux

4 · 15 min · 20 min · 50 min

Pâte: 125 g de farine • 60 g de beurre ou de margarine • sel
Garniture: 600 g de poireaux • 20 cl de lait demi-écrémé ou de lait de soja • 15 g de Maïzena • sel, poivre rose

❶ Mélangez la farine, une pincée de sel et la matière grasse, puis ajoutez 2 cuillerées à soupe d'eau pour former le pâton. Laissez reposer 15 à 20 minutes avant d'étaler. ❷ Lavez et émincez les poireaux, puis faites-les cuire à la vapeur pendant 15 minutes. ❸ Délayez la Maïzena avec le lait froid, faites épaissir à feu doux, assaisonnez avec sel et poivre rose moulu. ❹ Préchauffez le four à 180 °C (th. 6). Disposez la pâte sur un moule à tarte à revêtement antiadhésif de 24 cm de diamètre. Répartissez sur la pâte les poireaux cuits, puis la béchamel sans matière grasse. ❺ Faites cuire pendant 25 à 35 minutes.

Notre suggestion: servez chaud avec une salade d'endives à la menthe.

Tarte aux pommes, pommes de terre et amandes

4 — 15 min — 20 min — 1 h

Pâte: 125 g de farine complète • 60 g de beurre ou de margarine • sel

Garniture: 300 g de pommes type golden ou reinette • 300 g de pommes de terre • 50 g d'amandes concassées • 15 cl de lait demi-écrémé ou de lait de soja • 1 œuf • sel, muscade

❶ Mélangez la farine, une pincée de sel et la matière grasse, puis ajoutez 2 cuillerées à soupe d'eau pour former le pâton. Laissez reposer 15 à 20 minutes avant d'étaler. ❷ Lavez, épluchez et râpez pommes et pommes de terre, puis faites-les cuire à la vapeur pendant 25 minutes. ❸ Préchauffez le four à 180 °C (th. 6). Disposez la pâte sur un moule à tarte à revêtement antiadhésif de 24 cm de diamètre. ❹ Battez l'œuf en omelette, ajoutez le lait, les amandes concassées, de la muscade et du sel. ❺ Sur la pâte à tarte disposez les pommes et les pommes de terre cuites, puis versez le flan et faites cuire au four pendant 25 à 35 minutes.

Notre suggestion : vous pouvez servir cette tarte chaude ou froide selon la saison avec une salade verte.

Endives gratinées

4 · 10 min · 20 min

1,2 kg d'endives • 50 cl de lait demi-écrémé • 50 g de Maïzena • 100 g de gruyère râpé • muscade • sel, poivre

❶ Enlevez les feuilles flétries des endives, coupez-les en fines lamelles. Faites-les cuire à la vapeur ou à l'étouffée pendant 10 minutes. ❷ Pendant ce temps préparez une béchamel : délayez la Maïzena dans le lait froid, puis faites épaissir à feu doux pendant 2 minutes, ajoutez du sel, du poivre et de la muscade. ❸ Lorsque les endives sont cuites, mélangez-les avec la béchamel, puis disposez-les dans un plat à gratin. ❹ Saupoudrez de gruyère râpé et faites gratiner sous le gril de 5 à 8 minutes.

Notre suggestion : servez avec des pommes de terre en papillote.

Choucroute végétarienne

4 · 20 min · 55 min

800 g de chou de choucroute crue • 600 g de pommes de terre • 300 g de « Tempeh fumé » (saucisse de soja) • 100 g d'oignons • 2 gousses d'ail • 1 cuil. à soupe d'huile de tournesol • 20 à 30 cl de bière blonde • 6 à 8 clous de girofle • 5 à 7 baies de genièvre • 10 à 15 grains de coriandre • 1 cuil. à café de cumin entier ou en poudre • 2 pincées de muscade • sel, poivre

❶ Lavez tout d'abord deux fois le chou de choucroute à l'eau chaude pour enlever l'acidité. ❷ Épluchez et émincez les oignons, épluchez et écrasez l'ail, faites-les revenir avec l'huile, puis ajoutez le chou rincé et essoré, les épices (clous de girofle, muscade, poivre, genièvre, coriandre, cumin), un peu de sel, la bière et faites cuire à feu moyen 35 à 45 minutes en fonction de la cuisson désirée. ❸ Pendant ce temps, lavez et épluchez les pommes de terre, faites-les cuire à la vapeur 15 à 20 minutes. ❹ Coupez le Tempeh fumé en rondelles et faites-les griller à la poêle. ❺ Quand tout est cuit, disposez sur des assiettes le chou, les pommes de terre et le Tempeh, dégustez chaud.

Notre suggestion: vous pouvez éventuellement agrémenter avec de la moutarde ou du raifort râpé.

Mitonné d'oseille à la crème

4 15 min 20 min

1,2 kg d'oseille • 400 g de pommes de terre • 20 cl de crème fraîche • muscade • sel, poivre

❶ Épluchez et émincez très finement les pommes de terre. Lavez et essorez l'oseille. ❷ Faites cuire les pommes de terre et l'oseille dans un faitout avec un verre d'eau pendant 20 minutes environ. ❸ En fin de cuisson, ajoutez du sel, du poivre, un peu de muscade et la crème fraîche.

Notre suggestion: servez avec une salade d'endives.

Mitonné d'aubergines au poivron jaune et aux abricots secs

4 — 15 min — 20 min

1 kg d'aubergines • 500 g de poivrons jaunes • 200 g d'abricots secs • 2 cuil. à café de cardamome • 2 cuil. à café de curry • sel

❶ Pelez les aubergines et coupez-les en lamelles. Lavez, épépinez les poivrons jaunes et coupez-les également en lamelles. Coupez en quatre les abricots secs. ❷ Mettez le tout dans un faitout avec le curry et la cardamome, salez légèrement, faites cuire à feu doux pendant environ 20 minutes en ajoutant un verre d'eau.

Notre suggestion : accompagnez ce plat de quinoa.

Mitonné de brocolis, fenouil et navets au poivre vert et à la crème

4 | 15 min | 25 min

500 g de brocolis • 500 g de fenouil • 500 g de navets • 2 cuil. à soupe de poivre vert • 20 cl de crème fraîche épaisse • 2 cuil. à café de cardamome en poudre • sel

❶ Épluchez les légumes, coupez-les en petits morceaux et disposez-les dans un faitout, ajoutez un verre d'eau, une pincée de sel et faites cuire sans matière grasse, à feu doux pendant 20 à 25 minutes environ selon que vous préférez des légumes légèrement croquants ou bien tendres.
❷ En fin de cuisson, ajoutez le poivre vert, la cardamome et la crème fraîche.

Notre suggestion: servez avec du riz complet ou de l'épeautre.

Mitonné de carottes et de céleri rave aux câpres et à la crème

4 — 15 min — 20 min

600 g de carottes • 600 g de céleri rave • 20 g de câpres • 20 cl de crème fraîche • muscade • sel, poivre

❶ Épluchez les carottes et le céleri, puis coupez-les en julienne. ❷ Faites cuire en cocotte avec un verre d'eau pendant 20 minutes environ. ❸ En fin de cuisson, ajoutez les câpres, du sel, du poivre, de la muscade, puis la crème fraîche.

Notre suggestion : servez ce plat avec des pâtes fraîches ou des pommes de terre sautées.

Mitonné de cèpes et haricots verts

4 · 15 min · 20 min

500 g de cèpes • 1 kg de haricots verts extra fins • 4 gousses d'ail • 1 petit bouquet de persil • 4 cuil. à soupe de whisky • muscade • sel, poivre

❶ Effilez les haricots verts, nettoyez les cèpes et coupez-les. Pelez les gousses d'ail, écrasez-les avec un presse-ail et hachez le persil. ❷ Faites cuire les haricots verts avec l'ail, le persil et un demi-verre d'eau dans un faitout pendant 10 minutes, puis ajoutez les cèpes. ❸ Salez et poivrez, ajoutez le whisky et la muscade et poursuivez la cuisson pendant 10 minutes environ.

Notre suggestion : accompagnez ce plat de nouilles ou d'épeautre.

Mitonné de chou rouge, de pommes et de marron

4 15 min 25 min

800 g de chou rouge • 400 g de pommes (reinettes) • 200 g de marrons cuits • 100 g d'oignons • 20 cl de vin rouge • clou de girofle • sel, poivre

❶ Épluchez les pommes de terre et coupez-les en quartiers. Épluchez les marrons. Émincez finement le chou rouge. Épluchez et émincez les oignons. ❷ Mettez tous les légumes dans une cocotte, arrosez de vin et d'un verre d'eau, salez, poivrez et ajoutez le clou de girofle. ❸ Faites cuire à feu moyen pendant 25 à 30 minutes.

Notre suggestion : servez avec une salade frisée vinaigrette.

Mitonné de chou-fleur, aubergines et poivrons rouges

4 · 15 min · 25 min

600 g de chou-fleur • 600 g d'aubergines • 400 g de poivrons rouges • 100 g d'oignons • curry • sel

❶ Séparez le chou-fleur en petits bouquets. Lavez, épépinez puis émincez le poivron rouge. Pelez et coupez les aubergines. Épluchez et hachez les oignons. ❷ Placez tous ces légumes dans un faitout et faites cuire sans matière grasse à feu doux pendant 25 minutes environ, en ajoutant du sel et du curry, ainsi qu'un verre d'eau pour que les légumes n'attachent pas. Mélangez régulièrement.

Notre suggestion : servez avec du riz complet.

Mitonné de cœurs de palmier à la tomate et à l'estragon

4 — 10 min — 25 min

800 g de cœurs de palmier en conserve • 600 g de tomates fraîches • 1 bouquet d'estragon • sel, poivre

❶ Pelez les tomates après les avoir ébouillantées, épépinez-les et coupez-les en morceaux. Effeuillez et hachez l'estragon. Coupez en rondelles les cœurs de palmier, faites-les dorer dans une poêle à revêtement antiadhésif sans matière grasse, puis ajoutez les tomates pelées, l'estragon haché, du sel et du poivre. ❷ Laissez mijoter à feu doux pendant 20 minutes en ajoutant éventuellement un demi-verre d'eau.

Notre suggestion : servez avec du riz complet ou du blé.

Mitonné de courgettes à la tomate et aux pruneaux

4 15 min 20 min

1 kg de courgettes • 500 g de tomates pelées au naturel • 200 g de pruneaux dénoyautés • 2 gousses d'ail • 20 brins de persil • sel

❶ Lavez les courgettes et coupez-les en cubes. Coupez en deux les pruneaux. Pelez, écrasez les gousses d'ail et hachez le persil. ❷ Mettez l'ensemble dans une casserole, ajoutez les tomates pelées, salez légèrement et faites cuire à feu doux pendant 15 à 20 minutes en ajoutant un demi-verre d'eau.

Notre suggestion : servez avec des tagliatelles et saupoudrez éventuellement de parmesan.

Mitonné de courgettes, fenouil, tomate au basilic et ail

4 | 15 min | 25 min

600 g de courgettes • 600 g de fenouil • 400 g de tomates • 20 feuilles de basilic • 4 gousses d'ail • sel, poivre

❶ Émincez finement le fenouil et faites-le cuire avec un demi-verre d'eau pendant 10 minutes. ❷ Lavez les courgettes, coupez-les en cubes et ajoutez-les au fenouil. Pelez les tomates après les avoir ébouillantées, coupez-les en morceaux. Épluchez l'ail, émincez-le, ciselez le basilic. Ajoutez-les. ❸ Salez et poivrez légèrement et terminez la cuisson à feu très doux pendant 15 minutes.

Notre suggestion : servez avec des pâtes type papillons et parsemez éventuellement avec du gruyère râpé.

Mitonné de crosnes à la tomate et à la sauge

4 · 10 min · 35 min

800 g de crosnes surgelés • 800 g de tomates • 2 cuil. à soupe de sauge hachée • sel, poivre

❶ Pelez les tomates après les avoir ébouillantées, épépinez-les et coupez la pulpe en petits dés. ❷ Mettez-les dans une cocotte, ajoutez les crosnes, arrosez avec un petit verre d'eau et faites cuire à feu moyen pendant 35 minutes. ❸ Salez, poivrez et saupoudrez de sauge au moment de servir.

Notre suggestion : servez avec une salade verte.

Mitonné de fenouil automnale

4 — 15 min — 25 min

600 g de fenouil • 800 g de champignons des bois ou de Paris • 400 g de marrons cuits en boîte, en bocal, ou cuits par vos soins • 2 gousses d'ail • 1 cuil. à soupe de persil haché • 2 cuil. à café de massalé • sel, poivre

❶ Parez et nettoyez les champignons, lavez et émincez le fenouil, épluchez et écrasez les gousses d'ail. ❷ Commencez par faire cuire le fenouil pendant 10 minutes avec un demi-verre d'eau, puis ajoutez les champignons et les marrons, laissez encore mijoter environ 15 minutes. ❸ En fin de cuisson, ajoutez sel, poivre, massalé et persil.

Notre suggestion: servez avec une salade d'endives aux noix assaisonnée à l'huile de noix.

Mitonné de navets, haricots verts, pommes de terre aux raisins secs

4 15 min 30 min

800 g de navets • 800 g de haricots verts • 400 g de pommes de terre • 200 g de raisins secs • 100 g d'oignons • 1 cuil. à soupe de cumin • sel, poivre

❶ Épluchez et coupez en petits cubes navets et pommes de terre. Effilez les haricots verts. Pelez et émincez les oignons. ❷ Faites cuire les oignons émincés avec 2 cuillerées à soupe d'eau, jusqu'à ce qu'ils soient translucides. Ajoutez ensuite les cubes de pomme de terre, de navet et les haricots verts. Assaisonnez avec le cumin et une pincée de sel et de poivre. ❸ Ajoutez un demi-verre d'eau, les raisins secs et laissez mijoter à feu doux pendant 30 minutes.

Notre suggestion : servez avec une salade verte vinaigrette.

Mitonné de pommes de terre aux châtaignes

4 · 10 min · 35 min

1 kg de pommes de terre • 200 g de châtaignes cuites • 200 g d'oignons • 1 cuil. à café de cumin • 1 cuil. à café de thym • 2 cuil. à café de persil haché • sel, poivre

❶ Épluchez les pommes de terre, les oignons et les châtaignes. Coupez les pommes de terre en cubes de taille moyenne. Émincez les oignons. ❷ Faites cuire les oignons émincés dans un faitout avec 3 cuillerées à soupe d'eau. Dès qu'ils sont translucides, ajoutez les morceaux de pomme de terre et les châtaignes, puis le thym, le persil, le cumin et un peu de sel et de poivre. ❸ Faites cuire 30 à 35 minutes.

Notre suggestion : servez avec une salade d'endives.

Mitonné de potiron et de pommes de terre aux figues sèches

4 · 15 min · 30 min

800 g de potiron • 600 g de pommes de terre • 200 g de figues sèches • 100 g d'échalotes • 2 cuil. à café de cannelle en poudre • 1 cuil. à café de muscade râpée • sel, poivre

❶ Épluchez les échalotes et émincez-les. Coupez les figues en deux. Pelez les pommes de terre. Prélevez la chair du potiron. ❷ Coupez ces légumes en cubes et faites-les cuire à feu doux avec un verre d'eau et un peu de sel et de poivre. ❸ Au bout de 15 minutes, ajoutez l'échalote et les figues, la cannelle et la muscade. Ajoutez éventuellement un demi-verre d'eau pour poursuivre la cuisson pendant 15 minutes.

Notre suggestion : servez avec une salade verte vinaigrette.

Mitonné de tofu fumé aux lentilles corail

4 15 min 35 min

200 g de lentilles corail • 400 g de tofu fumé • 400 g de poireaux • 200 g d'oignons • 3 ou 4 feuilles de sauge • muscade • sel, poivre

❶ Lavez et émincez les poireaux. Épluchez et émincez les oignons. ❷ Faites revenir les oignons jusqu'à ce qu'ils soient translucides, ajoutez les poireaux émincés, les lentilles, la sauge, du sel, du poivre, de la muscade et trois fois le volume en eau des lentilles. Faites cuire à feu moyen 20 à 25 minutes. ❸ Pendant ce temps, découpez le tofu fumé et faites-le tiédir à la vapeur 5 à 7 minutes. ❹ Lorsque les lentilles sont cuites, mélangez le tofu fumé tiède et servez sans attendre.

Notre suggestion : servez avec une salade de mâche ou une salade de graines de radis germées.

Crêpes façon hot dog au soja

4 · 15 min · 10 min

Pâte à crêpes: 1 œuf • 25 cl de lait demi-écremé ou de lait de soja ou de riz • 75 g de farine de sarrasin • 2 cuil. à café d'huile • sel

Garniture: 4 saucisses au soja • 100 g de gruyère râpé • sel, poivre

❶ Mettez la farine dans un saladier, ajoutez l'œuf entier et un peu de sel, mélangez puis délayez avec le lait et l'huile. Laissez reposer quelques instants avant de faire cuire quatre grandes crêpes dans une poêle à revêtement anti-adhésif. ❷ Préchauffez le four à 240 °C (th. 8). Garnissez chaque galette avec une saucisse au soja et du gruyère râpé. Salez, poivrez, et passez au four pour faire gratiner.

Crêpes à la tomate, au parmesan et au romarin

4 · 15 min · 25 min

Pâte à crêpes : 1 œuf • 25 cl de lait demi-écrémé ou de lait de soja ou de riz • 75 g de farine de blé ou de sarrasin • 2 cuil. à café d'huile • sel

Garniture : 1 kg de tomates fraîches • 100 g de parmesan • 2 cuil. à soupe de romarin • 1 gousse d'ail • sel, poivre

❶ Mettez la farine dans un saladier, ajoutez l'œuf entier et un peu de sel, mélangez puis délayez avec le lait et l'huile. Laissez reposer quelques instants avant de faire cuire quatre grandes crêpes dans une poêle à revêtement antiadhésif. ❷ Préchauffez le four à 240 °C (th. 8). Épluchez l'ail, écrasez-le au presse-ail. Pelez et épépinez les tomates, faites-les cuire avec l'ail écrasé et le romarin, laissez réduire pendant 15 minutes, salez et poivrez. ❸ Garnissez les galettes avec ce coulis de tomate, ajoutez des copeaux de parmesan et passez rapidement au four.

Crêpes au chèvre et aux épinards

4 · 15 min · 25 min

Pâte à crêpes : 1 œuf • 25 cl de lait demi-écrémé ou de lait de soja ou de riz • 75 g de farine de blé ou de sarrasin • 2 cuil. à café d'huile • sel
Garniture : 600 g d'épinards • 200 g de chèvre frais • 1 cuil. à soupe de thym • muscade • sel, poivre

❶ Mettez la farine dans un saladier, ajoutez l'œuf entier et un peu de sel, mélangez puis délayez avec le lait et l'huile. Laissez reposer quelques instants avant de faire cuire quatre grandes crêpes dans une poêle à revêtement anti-adhésif. ❷ Lavez, équeutez les épinards, faites-les cuire à la vapeur pendant 15 minutes, puis coupez-les grossièrement. ❸ Allumez le gril du four. Écrasez à la fourchette le chèvre, ajoutez du sel, du poivre, de la muscade et le thym, puis incorporez ce mélange aux épinards coupés. ❹ Garnissez les crêpes avec ce mélange et passez sous le gril quelques minutes pour que le chèvre fonde.

Crêpes au chou vert au comté et aux raisins secs

4 | 15 min | 35 min

Pâte à crêpes: 1 œuf • 25 cl de lait demi-écrémé ou de lait de soja ou de riz • 75 g de farine de sarrasin • 2 cuil. à café d'huile • sel

Garniture: 600 g de chou vert • 100 g de raisins secs • 100 g de comté râpé • 1 cuil. à soupe de thym • sel, poivre

❶ Mettez la farine dans un saladier, ajoutez l'œuf entier et un peu de sel, mélangez puis délayez avec le lait et l'huile. Laissez reposer quelques instants avant de faire cuire quatre grandes crêpes dans une poêle à revêtement antiadhésif. ❷ Émincez finement le chou et faites-le cuire à la vapeur pendant 20 minutes. ❸ Préchauffez le four à 240 °C (th. 8). Mélangez le thym, les raisins secs et le chou cuit, salez et poivrez. ❹ Répartissez ce mélange sur les galettes, puis parsemez avec le comté. ❺ Passez au four pour faire fondre le fromage.

Crêpes au cresson et à l'œuf poché

4 · 10 min · 10 min

Pâte à crêpes: 1 œuf • 25 cl de lait demi-écrémé ou de lait de soja ou de riz • 75 g de farine de blé ou de sarrasin • 2 cuil. à café d'huile • sel

Garniture: 600 g de cresson • 4 œufs • 2 cuil. à soupe de crème fraîche • cardamome • sel, poivre

❶ Mettez la farine dans un saladier, ajoutez l'œuf entier et un peu de sel, mélangez puis délayez avec le lait et l'huile. Laissez reposer quelques instants avant de faire cuire quatre grandes crêpes dans une poêle à revêtement antiadhésif. ❷ Lavez et essorez le cresson, équeutez-le et faites-le cuire à la vapeur pendant 5 minutes, puis assaisonnez-le avec sel, poivre et cardamome. Ajoutez la crème fraîche. ❸ En même temps, faites pocher les œufs dans une eau légèrement vinaigrée. ❹ Garnissez les crêpes avec le cresson cuit et assaisonné, puis disposez sur chacune un œuf poché. Servez immédiatement.

Crêpes au fenouil et au roquefort

4 | 15 min | 25 min

Pâte à crêpes : 1 œuf • 25 cl de lait demi-écrémé ou de lait de soja ou de riz • 75 g de farine de blé ou de sarrasin • 2 cuil. à café d'huile • sel
Garniture : 600 g de fenouil • 100 g de roquefort • 2 œufs • sel, poivre

❶ Mettez la farine dans un saladier, ajoutez l'œuf entier et un peu de sel, mélangez puis délayez avec le lait et l'huile. Laissez reposer quelques instants avant de faire cuire quatre grandes crêpes dans une poêle à revêtement antiadhésif. ❷ Émincez très finement le fenouil et faites-le cuire à la vapeur pendant 20 minutes. ❸ Préchauffez le four à 240 °C (th. 8). Écrasez le roquefort. Battez les œufs en omelette, ajoutez le roquefort émietté, du sel et du poivre, puis le fenouil cuit. ❹ Garnissez les crêpes avec ce mélange et passez au four avant de servir.

Crêpes au potiron et à la noisette

4 · 15 min · 20 min

Pâte à crêpes: 1 œuf • 25 cl de lait demi-écrémé ou de lait de soja ou de riz • 75 g de farine de sarrasin • 2 cuil. à café d'huile • sel

Garniture: 600 g de potiron • 100 g de noisettes concassées • cannelle • sel, muscade

❶ Mettez la farine dans un saladier, ajoutez l'œuf entier et un peu de sel, mélangez puis délayez avec le lait et l'huile. Laissez reposer quelques instants avant de faire cuire quatre grandes crêpes dans une poêle à revêtement anti-adhésif. ❷ Râpez le potiron et faites-le cuire à la vapeur pendant 15 minutes. Ajoutez les noisettes concassées, du sel, de la muscade et de la cannelle. ❸ Garnissez les galettes avec ce mélange, servez tiède ou chaud.

Crêpes au radis noir et à la poire

4 — 15 min — 25 min

Pâte à crêpes: 1 œuf • 25 cl de lait demi-écrémé ou de lait de soja ou de riz • 75 g de farine de sarrasin • 2 cuil. à café d'huile • sel

Garniture: 400 g de radis noir • 2 petites poires • 2 cuil. à soupe de crème fraîche • 1 bouquet de ciboulette • cardamome • muscade • sel

❶ Mettez la farine dans un saladier, ajoutez l'œuf entier et un peu de sel, mélangez puis délayez avec le lait et l'huile. Laissez reposer quelques instants avant de faire cuire quatre grandes crêpes dans une poêle à revêtement antiadhésif. ❷ Ciselez la ciboulette. Râpez le radis et les poires, faites-les cuire à la vapeur pendant 15 minutes. Assaisonnez avec la crème fraîche, un peu de sel, de la muscade, de la cardamome et la ciboulette. ❸ Garnissez les 4 galettes, servez tiède ou chaud.

Crêpes aux aubergines, au basilic et à l'ail

4 · 15 min · 40 min

Pâte à crêpes : 1 œuf • 25 cl de lait demi-écrémé ou de lait de soja ou de riz • 75 g de farine de blé ou de sarrasin • 2 cuil. à café d'huile • sel
Garniture : 800 g d'aubergines • 2 gousses d'ail • 20 feuilles de basilic • sel, poivre

❶ Mettez la farine dans un saladier, ajoutez l'œuf entier et un peu de sel, mélangez puis délayez avec le lait et l'huile. Laissez reposer quelques instants avant de faire cuire quatre grandes crêpes dans une poêle à revêtement antiadhésif. ❷ Épluchez et écrasez l'ail. Hachez le basilic. Pelez les aubergines, coupez-les en petits dés, puis faites-les cuire à l'étouffée pendant 30 minutes avec l'ail et le basilic, un peu de sel et de poivre. ❸ Garnissez les crêpes avec cette préparation. Servez tiède ou chaud.

Crêpes aux carottes, au céleri et à la béchamel

4 — 15 min — 40 min

Pâte à crêpes: 1 œuf • 25 cl de lait demi-écrémé ou de lait de soja ou de riz • 75 g de farine de sarrasin • 2 cuil. à café d'huile • sel

Garniture: 300 g de carottes • 300 g de céleri • 20 cl de lait de vache, de soja, ou de riz • 20 g de Maïzena • 50 g de gruyère • muscade • curry • sel

❶ Mettez la farine dans un saladier, ajoutez l'œuf entier et un peu de sel, mélangez puis délayez avec le lait et l'huile. Laissez reposer quelques instants avant de faire cuire quatre grandes crêpes dans une poêle à revêtement antiadhésif. ❷ Épluchez et râpez carottes et céleri, faites-les cuire à la vapeur pendant 15 minutes. ❸ Préparez une béchamel: délayez la Maïzena avec le lait froid puis faites épaissir à feu doux. Mélangez ensuite la béchamel avec les légumes cuits, le gruyère râpé et les épices, salez. ❹ Garnissez les galettes avec ce mélange et servez chaud.

Crêpes aux champignons et aux poivrons

4 · 15 min · 25 min

Pâte à crêpes : 1 œuf • 25 cl de lait demi-écrémé ou de lait de soja ou de riz • 75 g de farine de blé ou de sarrasin • 2 cuil. à café d'huile • sel, poivre

Garniture : 400 g de champignons (de Paris ou des bois) • 200 g de poivrons rouges et verts • 100 g d'oignons • 1 gousse d'ail • 1 cuil. à soupe d'huile d'olive • muscade • sel, poivre

❶ Mettez la farine dans un saladier, ajoutez l'œuf entier, un peu de sel et de poivre, mélangez puis délayez avec le lait et l'huile. Laissez reposer quelques instants. ❷ Lavez et émincez les champignons. Lavez, essuyez, épépinez les poivrons et coupez-les en lanières. Pelez et émincez les oignons, épluchez et écrasez l'ail. ❸ Dans une poêle, faites revenir ail et oignon avec l'huile, puis ajoutez les poivrons et les champignons, du sel, du poivre et de la muscade et laissez cuire à l'étouffée pendant 20 minutes. ❹ Faites cuire quatre crêpes dans une grande poêle à revêtement antiadhésif. Garnissez-les, servez aussitôt.

Crêpes aux courgettes et à la mozzarella

4 · 15 min · 20 min

Pâte à crêpes : 1 œuf • 25 cl de lait demi-écrémé ou de lait de soja ou de riz • 75 g de farine de blé ou de sarrasin • 2 cuil. à café d'huile • sel

Garniture : 600 g de courgettes • 160 g de mozzarella • 20 feuilles de basilic • 1 gousse d'ail • sel, poivre

❶ Mettez la farine dans un saladier, ajoutez l'œuf entier, un peu de sel, mélangez puis délayez avec le lait et l'huile. Laissez reposer quelques instants. ❷ Lavez, essuyez et râpez les courgettes. Hachez le basilic, pelez et écrasez l'ail. Coupez la mozzarella en fines lamelles. ❸ Faites cuire les courgettes à l'étouffée avec l'ail, le basilic, un peu de sel et de poivre pendant 15 minutes. ❹ Préchauffez le four à 240 °C (th. 8). Faites cuire quatre crêpes dans une grande poêle à revêtement antiadhésif. ❺ Garnissez les crêpes avec les courgettes cuites et les lamelles de mozzarella, passez au four pour que le fromage fonde légèrement.

Crêpes aux endives, aux pommes et aux noix

4 — 15 min — 15 min

Pâte à crêpes: 1 œuf • 25 cl de lait demi-écrémé ou de lait de soja ou de riz • 75 g de farine de sarrasin • 2 cuil. à café d'huile • sel

Garniture: 600 g d'endives • 2 pommes • 100 g de noix concassées • ½ citron • 1 cuil. à soupe de cannelle • sel, poivre

❶ Mettez la farine dans un saladier, ajoutez l'œuf entier et un peu de sel, mélangez puis délayez avec le lait et l'huile. Laissez reposer quelques instants avant de faire cuire quatre grandes crêpes dans une poêle à revêtement antiadhésif. ❷ Émincez finement les endives, râpez les pommes et faites cuire le tout à l'étouffée avec le jus du citron, la cannelle, du sel et du poivre pendant 15 minutes. ❸ Garnissez les crêpes avec ce mélange et saupoudrez de noix concassées. Servez tiède ou chaud.

Crêpes aux oignons, au reblochon et aux figues

4 — 15 min — 30 min

Pâte à crêpes: 1 œuf • 25 cl de lait demi-écrémé ou de lait de soja ou de riz • 75 g de farine de sarrasin • 2 cuil. à café d'huile • sel

Garniture: 400 g d'oignons • 160 g de reblochon • 4 belles figues • muscade • cardamome • sel

❶ Mettez la farine dans un saladier, ajoutez l'œuf entier et un peu de sel, mélangez puis délayez avec le lait et l'huile. Laissez reposer quelques instants avant de faire cuire quatre grandes crêpes dans une poêle à revêtement anti-adhésif. ❷ Préchauffez le four à 240 °C (th. 8). Écroûtez le reblochon et coupez-le en lamelles. ❸ Épluchez et émincez les oignons, faites-les cuire à feu doux dans une casserole avec du sel, de la muscade et de la cardamome. ❹ Garnissez-en les crêpes, disposez dessus des lamelles de reblochon et une figue coupée en tranches. Passez au four pour que le fromage fonde.

Aubergines farcies à la mozzarella

4 | 15 min | 20 min

2 belles aubergines • 250 g de mozzarella • 20 feuilles de basilic • 2 gousses d'ail • sel, poivre

❶ Coupez en deux dans le sens de la longueur les aubergines et évidez-les. Faites cuire à la vapeur pendant 10 minutes les demi-aubergines évidées. ❷ Préchauffez le four à 180 °C (th. 6). ❸ Épluchez et pressez l'ail, hachez le basilic et mélangez-les. Coupez en fines lamelles la mozzarella, ajoutez le hachis d'ail et de basilic, puis garnissez-en les demi-aubergines. ❹ Passez au four pendant 10 minutes, pour que le fromage fonde bien.

Notre suggestion : servez chaud avec des pâtes ou du riz, et éventuellement une sauce tomate.

Aubergines farcies à la courgette

4 15 min 35 min

2 belles aubergines • 2 courgettes moyennes • 2 gousses d'ail • 2 œufs • 100 g de parmesan râpé • 1 cuil. à soupe d'huile d'olive • 1 cuil. à soupe de thym frais ou surgelé • sel, poivre

❶ Coupez en deux dans le sens de la longueur les aubergines et évidez-les. Faites cuire les quatre demi-aubergines évidées pendant 10 minutes à la vapeur. ❷ Épluchez et pressez les gousses d'ail. Coupez en tout petits cubes les courgettes et faites-les cuire avec l'huile, la pulpe d'aubergine, l'ail et le thym pendant 10 minutes. En fin de cuisson, écrasez légèrement à la fourchette, puis ajoutez les œufs battus en omelette, le parmesan râpé, du sel et du poivre. Préchauffez le four à 240 °C (th. 8). ❸ Garnissez les demi-aubergines avec cette préparation et passez au four 10 à 15 minutes.

Notre suggestion: servez avec des pâtes et éventuellement une sauce tomate.

Aubergines farcies à la semoule et à la tomate

4 20 min 30 min

2 belles aubergines • 2 œufs • 400 g de tomates • 100 g de gruyère • 200 g de semoule cuite • 1 cuil. à soupe de romarin • sel, poivre

❶ Pelez et épépinez les tomates. Coupez en deux les aubergines dans le sens de la longueur et évidez-les pour pouvoir ensuite farcir les quatre moitiés. Faites cuire les moitiés évidées à la vapeur pendant 10 minutes. ❷ Hachez grossièrement la chair des tomates avec la pulpe d'aubergine, ajoutez à ce mélange le romarin, du sel, du poivre, la semoule cuite et les œufs battus en omelette. ❸ Mélangez bien et faites cuire dans une cocotte à revêtement antiadhésif pendant 10 minutes. ❹ Garnissez les demi-aubergines évidées avec la préparation, parsemez de gruyère râpé et faites gratiner au gril pendant 8 à 10 minutes.

Notre suggestion : servez avec une salade verte.

Champignons crus farcis aux légumes râpés

4 20 min

4 gros champignons de Paris • 100 g de carottes • 100 g de céleri rave • 100 g de betterave crue • 1 petite pomme • 1 citron • 1 cuil. à café de moutarde • 100 g de fromage blanc à 20 % MG • muscade • sel, poivre

❶ Lavez les champignons, coupez les pieds, puis citronnez-les pour éviter le noircissement, réservez au frais. Pelez et râpez les carottes, le céleri, la betterave, la pomme, citronnez pomme et céleri. ❷ Préparez une sauce avec la moutarde, le fromage blanc, du sel, du poivre et de la muscade. ❸ Mélangez les légumes et la pomme râpés avec la sauce, puis garnissez les têtes de champignon avec cette préparation.

Notre suggestion : servez frais avec une salade verte ou une salade de tomates.

Champignons farcis à la purée de lentilles

4 · 15 min · 35 min

4 gros champignons de Paris • 125 g de lentilles crues (vertes ou corail) • 60 g de gruyère râpé • 2 œufs • 5 ou 6 feuilles de sauge • sel, poivre

❶ Lavez et essuyez les champignons, coupez les pieds, puis faites cuire les têtes 10 minutes à la vapeur, réservez au frais. ❷ Faites cuire environ 20 minutes les lentilles avec deux fois et demie leur volume d'eau, du sel, du poivre et la sauge. ❸ Préchauffez le four à 210 °C (th. 7). Mixez les lentilles en purée en fin de cuisson, puis ajoutez les œufs battus en omelette. ❹ Garnissez avec ce mélange les têtes de champignons, saupoudrez-les de gruyère râpé et passez au four 5 à 7 minutes pour gratiner.

Notre suggestion : servez chaud ou tiède avec une salade verte.

Champignons farcis au quinoa

4 · 10 min · 20 min

4 gros champignons de Paris • 200 g de quinoa cuit • 1 œuf • 4 cuil. à soupe de crème fraîche • 80 g de gruyère râpé • muscade • sel, poivre

❶ Lavez et essuyez les champignons, enlevez les pieds, faites cuire les têtes à la vapeur pendant 10 minutes, puis réservez. ❷ Préchauffez le four à 210 °C (th. 7). ❸ Battez l'œuf avec la crème, du sel, du poivre et de la muscade, ajoutez le quinoa cuit. ❹ Garnissez les têtes de champignon avec ce mélange, saupoudrez de gruyère râpé et faites dorer au four 8 à 10 minutes.

Notre suggestion : servez chaud avec une salade verte.

Champignons farcis aux épinards et au chèvre

4 | 15 min | 30 min

4 gros champignons de Paris • 400 g d'épinards • 120 g de chèvre demi-sec • 1 œuf • muscade • sel

❶ Lavez et essuyez les champignons, coupez les pieds, puis faites cuire les têtes 10 minutes à la vapeur. ❷ Pendant ce temps, faites cuire les épinards à l'eau bouillante salée pendant 10 minutes, égouttez-les à fond et hachez-les. ❸ Écrasez le chèvre à la fourchette. Battez l'œuf en omelette. Mélangez les épinards hachés, le chèvre, l'œuf, du sel et de la muscade. ❹ Garnissez les têtes de champignon avec cette préparation et passez au four 8 à 10 minutes pour faire gratiner le fromage.

Notre suggestion: servez chaud ou tiède avec une salade verte.

Courgettes farcies au blé et à la menthe

4 — 20 min — 30 min

2 belles courgettes • 200 g de blé cuit • 2 œufs • 2 cuil. à soupe de menthe hachée • sel, poivre

❶ Coupez les courgettes en deux dans le sens de la longueur et évidez-les. Faites cuire à la vapeur les quatre demi-courgettes évidées et la pulpe retirée pendant 10 minutes. ❷ Préchauffez le four à 180 °C (th. 6). ❸ Écrasez la pulpe à la fourchette. Battez les œufs en omelette, ajoutez le blé cuit, la pulpe de courgette cuite, du sel, du poivre et la menthe. ❹ Farcissez les demi-courgettes avec ce mélange et passez au four 10 à 15 minutes.

Notre suggestion : servez avec une salade verte.

Courgettes farcies au chèvre et aux navets

4 · 20 min · 35 min

2 belles courgettes • 400 g de navets • 2 œufs • 120 g de chèvre frais • 1 cuil. à soupe de ciboulette ciselée • sel, poivre

❶ Coupez en deux les courgettes dans le sens de la longueur et évidez-les. Faites cuire les moitiés de courgette à la vapeur pendant 8 à 10 minutes. ❷ Épluchez et râpez les navets, faites-les cuire à la vapeur avec la pulpe de courgette pendant 10 minutes. ❸ Écrasez le chèvre. Préchauffez le four à 180 °C (th. 6). ❹ Battez les œufs en omelette, ajoutez la ciboulette, du sel et du poivre. Mélangez les légumes, le chèvre, l'omelette et garnissez avec ce mélange les demi-courgettes. ❺ Passez au four 10 à 15 minutes.

Notre suggestion : servez avec du riz ou du blé.

Courgettes farcies au roquefort et à la carotte

4 · 20 min · 30 min

2 belles courgettes • 400 g de carottes • 100 g de roquefort • 2 œufs • sel, poivre

❶ Coupez les courgettes en deux dans le sens de la longueur et évidez-les. Faites cuire à la vapeur les demi-courgettes pendant 10 minutes. ❷ Épluchez et râpez les carottes, faites-les cuire à la vapeur avec la chair des courgettes pendant 10 minutes. ❸ Préchauffez le four à 180 °C (th. 6). Écrasez le roquefort. ❹ Battez les œufs en omelette, incorporez le roquefort écrasé, les carottes et la pulpe de courgette cuite, du sel et du poivre. ❺ Garnissez les demi-courgettes avec ce mélange et passez au four 10 à 12 minutes.

Notre suggestion : servez avec de la purée de pommes de terre ou de potiron.

Courgettes farcies au parmesan et aux noix

4 — 20 min — 25 min

2 belles courgettes • 100 g de noix concassées • 120 g de parmesan râpé • 80 g de mie de pain • 2 œufs • 15 cl de lait demi-écrémé ou de soja • sel, poivre

❶ Coupez les courgettes en deux dans le sens de la longueur et évidez-les. Faites cuire à la vapeur pendant 10 minutes les moitiés de courgette et la pulpe retirée. ❷ Préchauffez le four à 180 °C (th. 6). ❸ Faites chauffer le lait, mettez la mie de pain à tremper, ajoutez-y les œufs battus en omelette, la pulpe de courgette cuite le parmesan râpé, les noix concassées, du sel et du poivre. ❹ Garnissez avec ce mélange les demi-courgettes. ❺ Passez au four 10 à 15 minutes.

Notre suggestion : servez avec une salade d'endives.

Fleurs de courgette farcies à la ricotta

4 10 min 15 min

4 fleurs de courgette (vous en trouverez en épicerie fine, dans votre jardin, ou dans les cueillettes de fruits et légumes) • 250 g de ricotta • 20 feuilles de basilic • 80 g de mie de pain • 1 œuf • sel, poivre

❶ Préchauffez le four à 180 °C (th. 6). ❷ Mélangez la mie de pain avec la ricotta, ajoutez l'œuf battu en omelette, le basilic haché, du sel et du poivre. ❸ Lavez délicatement les fleurs de courgette et farcissez-les avec le mélange. ❹ Disposez-les sur un plat allant au four et faites cuire environ 15 minutes.

Notre suggestion: servez avec des pâtes et éventuellement une sauce tomate.

Pommes de terre farcies au chou

4 · 20 min · 40 min

4 pommes de terre de 200 g chacune • 400 g de chou vert ou blanc • 2 œufs • ½ cuil. à café de cumin en poudre • sel, poivre

❶ Épluchez les pommes de terre, creusez-les légèrement (enlevez environ 50 g de chair par pomme de terre), puis faites cuire à la vapeur les pommes de terre évidées et leur chair pendant environ 15 minutes. ❷ Lavez, émincez le chou et faites-le cuire 10 à 15 minutes à la vapeur ou à l'étouffée. ❸ Mixez ensemble le chou et la chair de pomme de terre, ajoutez-y les œufs battus en omelette, du sel, du poivre et le cumin. ❹ Préchauffez le four à 180 °C (th. 6). Garnissez les pommes de terre avec la préparation, passez au four pendant 10 minutes.

Notre suggestion : servez chaud avec une salade de tomates ou une salade verte.

Pommes de terre farcies aux champignons à la crème

4 · 20 min · 35 min

4 pommes de terre de 200 g chacune • 500 g de champignons (de Paris ou des bois) • 4 cuil. à soupe de crème fraîche • 100 g d'oignons • 1 gousse d'ail • 1 cuil. à soupe de persil haché • muscade • sel

❶ Épluchez les pommes de terre, creusez-les légèrement (enlevez environ 50 g de chair par pomme de terre), puis faites-les cuire à la vapeur pendant 20 minutes. ❷ Pendant ce temps, épluchez et émincez les oignons, pelez et écrasez l'ail. Lavez, essuyez et émincez les champignons. ❸ Faites revenir à sec dans une poêle les oignons et l'ail; quand ils sont légèrement colorés, ajoutez les champignons, puis le persil. Laissez cuire pendant 10 à 12 minutes, ajoutez la crème, du sel et de la muscade. ❹ Garnissez avec ce mélange les pommes de terre cuites.

Notre suggestion: servez chaud avec une salade de tomates ou des légumes râpés en salade.

Pommes de terre farcies soufflées

4 | 15 min | 30 min

4 pommes de terre de 200 g chacune • 1 œuf • 60 g de gruyère râpé • 4 cuil. à soupe de lait demi-écrémé ou de lait de soja • muscade • sel

❶ Épluchez les pommes de terre, creusez légèrement chacune d'elles (enlevez environ 50 g de chair par pomme de terre), puis faites cuire à la vapeur, environ 15 minutes, les pommes de terre creusées, ainsi que la chair retirée. ❷ Préparez une purée avec la chair de pomme de terre, en ajoutant le lait, du sel et de la muscade. Ajoutez à cette purée le jaune d'œuf et le gruyère râpé, puis incorporez délicatement le blanc d'œuf battu en neige ferme. ❸ Préchauffez le four à 150 °C (th. 5). ❹ Garnissez les pommes de terre creusées avec ce mélange et passez au four pendant 15 minutes environ.

Notre suggestion : servez dès la sortie du four avec une salade verte.

Tomates à la macédoine et à la mayonnaise

4 15 min 25 min

4 belles tomates à farcir • 100 g de navets • 100 g de petits pois frais ou surgelés • 100 g de carottes • 100 g de haricots verts • 100 g de haricots écossés frais • 1 jaune d'œuf • 6 cuil. à soupe d'huile de tournesol • ½ cuil. à café de moutarde • sel, poivre

❶ Épluchez et coupez en tout petits cubes navets et carottes, effilez et coupez en petits tronçons les haricots verts. Faites cuire ces légumes avec les petits pois et les haricots secs pendant 20 à 25 minutes à la vapeur. ❷ Pendant ce temps, coupez un chapeau aux tomates et évidez-les (vous pourrez utiliser la pulpe de tomate pour faire un potage éventuellement). ❸ Préparez la mayonnaise avec le jaune d'œuf, la moutarde, l'huile, du sel et du poivre. ❹ Mélangez ensuite les légumes cuits rafraîchis avec la mayonnaise, puis farcissez les tomates avec ce mélange.

Notre suggestion : servez frais avec une salade verte.

Tomates farcies aux légumes

4 · 15 min · 25 min

4 belles tomates à farcir • 100 g de navets • 100 g de carottes • 100 g de courgettes • 100 g d'oignons • 2 œufs • 1 cuil. à soupe de thym • ½ cuil. à soupe de romarin • muscade • sel

❶ Coupez un chapeau à chaque tomate, évidez-les et récupérez la pulpe. Lavez les courgettes, épluchez les navets, les carottes et les oignons, râpez-les et faites cuire à la vapeur pendant 10 minutes. ❷ Préchauffez le four à 180 °C (th. 6). ❸ Battez en omelette les œufs, incorporez-y les légumes cuits, la pulpe de tomate, le thym, le romarin, du sel et de la muscade. ❹ Farcissez les tomates avec ce mélange et passez au four 15 à 20 minutes.

Notre suggestion: servez avec des pâtes ou du riz complet.

Lasagnes à la purée de fève et aux carottes

4 · 20 min · 1 h 10 min

6 plaques de lasagnes (rayon frais ou faites maison) • 100 g de fèves sèches ou 400 g de fèves fraîches • 400 g de carottes • 4 feuilles de sauge • 60 cl de lait demi-écrémé ou de soja • 50 g de Maïzena • 60 g de parmesan • 1 cuil. à café d'huile • sel, poivre

❶ Faites cuire dans un autocuiseur les fèves avec la sauge, du sel et un verre d'eau pendant 15 minutes. ❷ Pendant ce temps, pelez et râpez les carottes et faites-les cuire 8 à 10 minutes à la vapeur. ❸ Mixez les fèves en purée dès qu'elles sont cuites. ❹ Délayez à froid la Maïzena avec le lait et faites cuire à feu doux en tournant avec une cuillère en bois pendant 2 minutes, salez, poivrez. ❺ Préchauffez le four à 210 °C (th. 7). Huilez un plat à four, déposez au fond deux plaques de lasagnes, disposez dessus la moitié de la purée de fèves et la moitié des carottes râpées cuites, puis un tiers de la béchamel. Déposez à nouveau deux plaques de lasagnes, répartissez le reste de purée de fèves et de carottes râpées, puis un autre tiers de la béchamel. Déposez enfin les deux dernières plaques de lasagnes et finissez par le reste de béchamel, dans lequel vous aurez ajouté le parmesan. ❻ Mettez le plat dans le four et laissez cuire pendant 35 à 45 minutes.

Lasagnes au camembert et aux pommes

4 20 min 1 h

6 plaques de lasagnes (rayon frais ou faites maison) • 250 g de camembert • 600 g de pommes • 60 cl de lait demi-écrémé • 50 g de Maïzena • 1 cuil. à café d'huile • ½ cuil. à café de cannelle • sel, poivre

❶ Épluchez les pommes et coupez-les en morceaux, faites-les cuire à la vapeur 12 à 15 minutes. Mixez-les, ajoutez la cannelle et un peu de sel. ❷ Délayez la Maïzena à froid avec le lait, faites épaissir à feu doux en tournant avec une cuillère en bois et laissez cuire 2 minutes sans cesser de tourner. Assaisonnez de sel et de poivre. Mixez le camembert et ajoutez-le à la béchamel. ❸ Préchauffez le four à 210 °C (th. 7). Huilez un plat à four, déposez au fond deux plaques de lasagnes, la moitié de la compote de pommes, puis un tiers de la béchamel au camembert, déposez deux autres plaques de lasagnes, répartissez dessus le reste de compote de pommes, puis à nouveau un tiers de béchamel au camembert, déposez enfin les deux dernières plaques de lasagnes et terminez avec le reste de béchamel au camembert. ❹ Passez au four pendant 35 à 45 minutes.

Notre suggestion : servez ces lasagnes dès la sortie du four avec une salade de batavia.

Lasagnes au fenouil et aux navets

4 · 20 min · 1 h

6 plaques de lasagnes (rayon frais ou faites maison) • 400 g de fenouil • 400 g de navets • 60 cl de lait demi-écrémé ou de lait de soja • 50 g de Maïzena • 100 g de parmesan râpé • 1 cuil. à café d'huile • 1 cuil. à café de massalé • sel, poivre

❶ Pelez les navets, lavez le fenouil, émincez-les et faites-les cuire 15 à 18 minutes à la vapeur, puis salez et poivrez. ❷ Délayez à froid la Maïzena avec le lait et faites épaissir à feu doux. Laissez cuire encore 2 minutes, ajoutez sel, massalé et parmesan râpé. ❸ Préchauffez le four à 210 °C (th. 7). Huilez un plat à four, déposez au fond deux plaques de lasagnes, versez dessus la moitié des légumes cuits, puis un tiers de la béchamel au parmesan. Renouvelez l'opération en terminant avec le reste de béchamel. ❹ Passez au four pendant 35 à 45 minutes.

Notre suggestion : accompagnez ces lasagnes d'une salade de tomates.

Lasagnes au potiron, aux noix et au roquefort

4 20 min 50 min

6 plaques de lasagnes (rayon frais ou faites maison) • 800 g de potiron • 100 g de roquefort • 50 g de noix en poudre • 60 cl de lait demi-écrémé ou de lait de soja • 50 g de Maïzena • 1 cuil. à café d'huile • muscade • sel, poivre

❶ Coupez le potiron en morceaux, faites-le cuire. Mixez-le, ajoutez les noix en poudre et salez, poivrez, saupoudrez de muscade. ❷ Délayez à froid la Maïzena avec le lait et faites épaissir à feu doux, salez, poivrez. Écrasez à la fourchette le roquefort puis incorporez-le à la béchamel. ❸ Préchauffez le four à 210 °C (th. 7). Huilez un plat, déposez au fond deux plaques de lasagnes et versez la moitié de la purée de potiron aux noix, puis un tiers de la béchamel au roquefort. Renouvelez l'opération en finissant par la béchamel. ❹ Faites cuire au four pendant 35 à 45 minutes.

•

Notre suggestion : accompagnez d'une salade de feuilles de chêne.

Lasagnes aux blettes et à la tomate

4 20 min 1 h

6 plaques de lasagnes (rayon frais ou faites maison) • 600 g de côtes et verts de blettes • 400 g de tomates • 60 cl de lait demi-écrémé ou de lait de soja • 50 g de Maïzena • 1 cuil. à soupe d'estragon • 100 g de gruyère râpé • 1 cuil. à café d'huile • sel, poivre

❶ Lavez les blettes et coupez les côtes et les feuilles vertes. Pelez et épépinez les tomates. Faites cuire pendant 15 minutes environ à l'étouffée les blettes, les tomates et l'estragon. Égouttez, puis salez et poivrez. ❷ Délayez la Maïzena avec le lait froid, puis faites épaissir à feu doux en tournant avec une cuillère en bois. Laissez cuire 2 minutes sans cesser de tourner, ajoutez ensuite le gruyère râpé, du sel et du poivre. ❸ Préchauffez le four à 210 °C (th. 7). Huilez un plat à four, déposez au fond deux plaques de lasagnes, disposez dessus la moitié des blettes à la tomate, puis un tiers de la béchamel au gruyère, déposez deux autres plaques de lasagnes, répartissez le reste des blettes, puis un autre tiers de la béchamel, mettez enfin les deux dernières plaques de lasagnes et terminez par le reste de béchamel au gruyère. ❹ Passez le plat au four pendant 35 à 45 minutes.

Notre suggestion : accompagnez d'une salade de frisée à l'huile d'olive.

Lasagnes aux champignons

4 · 20 min · 55 min

6 plaques de lasagnes (rayon frais ou faites maison) • 800 g de champignons de Paris ou pleurotes, cèpes, girolles… • 1 cuil. à soupe de persil frais ou surgelé • 2 gousses d'ail • 100 g d'oignon • 60 cl de lait demi-écrémé ou de lait de soja • 50 g de Maïzena • 40 g de gruyère râpé • 1 cuil. à café d'huile • muscade • sel, poivre

❶ Lavez, essuyez et émincez les champignons. Épluchez et écrasez l'ail. Pelez et émincez finement les oignons. Faites cuire à feu doux sans couvrir les champignons avec l'ail et l'oignon pendant 10 à 15 minutes, vérifiez la cuisson des champignons, videz l'eau qui se dégage, ajoutez sel, poivre et persil. ❷ Délayez la Maïzena à froid avec le lait et faites épaissir à feu doux en tournant avec une cuillère en bois. Après épaississement, laissez cuire 2 minutes, sans cesser de remuer, ajoutez sel et muscade. ❸ Préchauffez le four à 210 °C (th. 7). Huilez un plat à four, déposez au fond deux plaques de lasagnes, disposez dessus la moitié des champignons cuits, puis un tiers de la béchamel, déposez à nouveau deux plaques de lasagnes, répartissez la seconde moitié de champignons, puis un autre tiers de la béchamel, déposez enfin les deux dernières plaques de lasagnes et finissez par le reste de béchamel dans lequel vous aurez ajouté le gruyère râpé. ❹ Passez au four pendant 35 à 45 minutes.

Notre suggestion : accompagnez d'une salade de batavia à l'huile de noisettes.

Lasagnes aux courgettes et à la mozzarella

4 · 20 min · 55 min

6 plaques de lasagnes (rayon frais ou faites maison) • 800 g de courgettes • 10 à 12 feuilles de basilic • 250 g de mozzarella • 60 cl de lait demi-écrémé ou de lait de soja • 50 g de Maïzena • 1 cuil. à café d'huile • sel, poivre

❶ Hachez le basilic. Coupez la mozzarella en tranches fines. Lavez et essuyez les courgettes, coupez-les en fines rondelles. Faites-les cuire à l'étouffée avec le basilic pendant 10 à 15 minutes. ❷ Délayez la Maïzena à froid avec le lait, puis faites épaissir à feu doux en tournant avec une cuillère en bois. Laissez cuire encore 2 minutes, sans cesser de tourner, ajoutez sel et poivre. ❸ Préchauffez le four à 210 °C (th. 7). Huilez un plat à four, déposez au fond deux plaques de lasagnes, disposez dessus la moitié des courgettes, 100 g de mozzarella, puis un tiers de la béchamel, déposez à nouveau deux plaques de lasagnes, répartissez le reste des courgettes, 100 g de lamelles de mozzarella, puis un autre tiers de la béchamel, déposez les deux dernières plaques de lasagnes et finissez par le reste de béchamel dans lequel vous aurez mixé les 50 g de mozzarella restants. ❹ Faites cuire 35 à 45 minutes.

Notre suggestion : servez très chaud avec une salade de tomates.

Lasagnes aux haricots verts et à la tomate

4 — 20 min — 55 min

6 plaques de lasagnes (rayon frais ou faites maison) • 600 g de haricots verts • 600 g de tomates fraîches ou de tomates en conserve pelées • 4 gousses d'ail • 1 cuil. à soupe de thym frais ou surgelé • 60 cl de lait demi-écrémé ou de lait de soja • 50 g de Maïzena • 80 g de parmesan râpé • 1 cuil. à café d'huile • sel, poivre

❶ Lavez, effilez les haricots verts et coupez-les en morceaux de 2 à 3 cm. Épluchez et écrasez les gousses d'ail. Pelez et épépinez les tomates. Faites cuire ensemble à feu doux à l'étouffée pendant 10 à 15 minutes haricots verts, ail, tomates et thym avec un peu de sel et de poivre. ❷ Délayez à froid la Maïzena avec le lait et faites épaissir à feu doux en tournant avec une cuillère en bois jusqu'à épaississement. Laissez ensuite cuire pendant 2 minutes sans cesser de tourner, assaisonnez avec sel et poivre, puis ajoutez le parmesan râpé. ❸ Préchauffez le four à 210 °C (th. 7). Huilez un plat à four, déposez au fond deux plaques de lasagnes, disposez dessus la moitié des haricots verts à la tomate, puis un tiers de la béchamel au parmesan, déposez à nouveau deux plaques de lasagnes, répartissez la seconde moitié des haricots verts, versez un autre tiers de la béchamel, déposez les deux dernières plaques de lasagnes et finissez par une couche de béchamel. ❹ Mettez le plat au four pendant 35 à 45 minutes.

Notre suggestion: accompagnez d'une salade verte.

Lasagnes aux légumes râpés et au tofu

4 · 20 min · 1 h

6 plaques de lasagnes (rayon frais ou faites maison) • 150 g de carottes • 150 g de céleri rave • 150 g de betteraves crues • 150 g de panais • 200 g de tofu nature ou fumé selon votre goût • 60 cl de lait de soja • 50 g de Maïzena • 1 cuil. à café d'huile • muscade • sel, poivre

❶ Lavez, pelez et râpez les légumes, puis faites-les cuire à la vapeur 13 à 15 minutes, salez légèrement, poivrez et ajoutez un peu de muscade. Hachez le tofu. ❷ Délayez la Maïzena à froid dans le lait de soja, faites épaissir à feu doux en tournant avec une cuillère en bois et laissez cuire 2 minutes sans cesser de tourner. Ajoutez le tofu haché. ❸ Préchauffez le four à 210 °C (th. 7). Huilez un plat à four, déposez au fond deux plaques de lasagnes, disposez dessus la moitié des légumes râpés cuits, puis un tiers de la béchamel au tofu, déposez deux autres plaques de lasagnes, répartissez la seconde moitié des légumes, puis un autre tiers de la béchamel au tofu, déposez enfin les 2 dernières plaques de lasagnes et terminez par une couche de béchamel au tofu. ❹ Faites cuire au four pendant 35 à 45 minutes. Servez très chaud.

Notre suggestion : accompagnez d'une salade de laitue.

Lasagnes aux poireaux et au chèvre

4 · 20 min · 55 min

6 plaques de lasagnes (rayon frais ou faites maison) • 800 g de poireaux • 150 g de chèvre demi-sec • 1 cuil. à soupe de persil frais ou surgelé • ½ cuil. à soupe de romarin frais ou surgelé • 60 cl de lait demi-écrémé ou de lait de soja • 50 g de Maïzena • 1 cuil. à café d'huile • muscade • sel, poivre

❶ Lavez et émincez finement les poireaux, faites-les cuire pendant 10 à 12 minutes à la vapeur, puis salez légèrement. Ajoutez aux poireaux cuits le persil et le romarin. Écrasez le chèvre à la fourchette. ❷ Délayez à froid la Maïzena avec le lait et faites épaissir à feu doux en tournant avec une cuillère en bois. Laissez ensuite cuire 2 minutes, sans cesser de tourner, salez, poivrez, ajoutez un peu de muscade et incorporez le chèvre écrasé. ❸ Préchauffez le four à 210 °C (th. 7). Huilez un plat à four, déposez au fond deux plaques de lasagnes, disposez dessus la moitié des poireaux cuits, un tiers de la béchamel au chèvre, déposez à nouveau deux plaques de lasagnes, répartissez la seconde moitié des poireaux, puis un autre tiers de la béchamel, enfin déposez les deux dernières plaques de lasagnes et finissez avec le reste de béchamel. ❹ Mettez au four pendant 35 à 45 minutes.

Notre suggestion : servez avec une salade de romaine à l'huile de noix.

Banane et tofu en brochettes

4 · 10 min · 15 min

4 bananes • 200 g de tofu • 1 cuil. à soupe de curry • sel

❶ Coupez le tofu en cubes. Pelez les bananes et coupez-les en gros tronçons. ❷ Sur les piques à brochette, alternez les morceaux de banane avec le tofu. Saupoudrez de curry. ❸ Faites cuire au gril, au four, ou au barbecue pendant 13 à 16 minutes selon la cuisson désirée, salez en fin de cuisson. Servez chaud.

Notre suggestion : accompagnez d'une salade verte

Brochettes de carottes, de pommes de terre et de saucisses de soja

4 · 10 min · 30 min

4 carottes • 4 pommes de terre • 2 oignons • 4 saucisses de soja « viennoises » • cumin en poudre • sel, poivre

❶ Épluchez et coupez en gros morceaux les oignons, les carottes et les pommes de terre. Coupez les saucisses de soja en quatre à six morceaux. ❷ Sur quatre piques, alternez les morceaux de carotte, oignon, pomme de terre et saucisse. Saupoudrez de cumin en poudre. ❸ Faites cuire au four dans un plat avec un fond d'eau 20 à 30 minutes salez et poivrez en fin de cuisson. Servez chaud.

Notre suggestion : servez avec une salade de tomates ou une salade verte.

Brochettes de poivrons, de courgettes et d'aubergines au tofu

4 10 min 12 min

2 courgettes • 2 aubergines • 1 poivron vert • 1 poivron jaune • 200 g de tofu • 1 cuil. à soupe de thym • 1 cuil. à soupe d'origan • sel, poivre

❶ Lavez les légumes, essuyez-les et coupez-les en gros morceaux. Coupez le tofu en cubes ❷ Sur quatre brochettes, alternez les morceaux de légumes avec des cubes de tofu. Mélangez le thym et l'origan. ❸ Roulez les brochettes dans le mélange d'herbes et faites cuire au gril, au barbecue, ou au four, 7 à 12 minutes selon la grosseur des morceaux de légumes et la cuisson désirée. Salez et poivrez en fin de cuisson. Servez chaud.

Notre suggestion : accompagnez ces brochettes d'un plat de lentilles corail.

Brochettes de tomates, d'oignons, de poivrons et de tofu fumé

4 · 10 min · 12 min

4 grosses tomates • 4 oignons moyens • 2 poivrons • 200 g de tofu fumé • 1 cuil. à soupe de cumin • 1 cuil. à café de muscade • sel

❶ Lavez les tomates et coupez-les en quatre ou six. Épluchez les oignons et coupez-les en quatre ou six. Lavez et épépinez les poivrons, coupez-les en morceaux moyens. Coupez le tofu fumé en cubes. ❷ Alternez sur quatre brochettes les morceaux de tomate, d'oignon, de poivron et de tofu. ❸ Mélangez cumin et muscade et saupoudrez-en les brochettes. ❹ Faites cuire au gril, au barbecue, ou au four, 7 à 12 minutes selon la cuisson désirée, salez en fin de cuisson. Servez chaud.

Notre suggestion : accompagnez d'un plat de pâtes aux petits pois.

Brochettes froides de melon, de pastèque et de tofu fumé

4 · 10 min

400 g de melon • 400 g de pastèque • 200 g de tofu fumé • muscade • sel, poivre

❶ Épépinez le melon et la pastèque, coupez la chair en dés. Coupez en dés également le tofu fumé. ❷ Alternez les morceaux de melon, de pastèque et de tofu fumé sur quatre brochettes. ❸ Saupoudrez de muscade, de sel et de poivre. Servez frais.

Notre suggestion : accompagnez d'une salade de blé à la tomate.

Brochettes froides de tomates cerise et de mozzarella

4 10 min

40 tomates cerise • 400 g de mozzarella • 40 feuilles de basilic • sel, poivre

❶ Coupez en cubes la mozzarella. ❷ Sur quatre piques en bois ou en métal, alternez les tomates, les cubes de mozzarella et les feuilles de basilic. Salez et poivrez. Servez frais.

Notre suggestion: accompagnez d'une salade de pâtes.

Croque aubergine-tomate

1 · 10 min · 10 min

2 tranches de pain de mie spécial sandwich • 1 petite tomate • 100 g d'aubergine • 30 g de parmesan • sel, poivre

❶ Coupez la tomate et l'aubergine en tranches fines. ❷ Saupoudrez sur une tranche de pain la moitié du parmesan, puis disposez dessus des tranches de tomate et d'aubergine en alternance, terminez avec du parmesan, salez, poivrez, puis recouvrez avec la seconde tranche de pain. ❸ Faites cuire au gril électrique ou au four à 180 °C (th. 6) pendant environ 10 minutes.

Notre suggestion : servez chaud ou tiède avec une salade verte assaisonnée à l'huile d'olive.

Croque comté-noisettes

1 — 10 min — 7 min

2 tranches de pain de mie spécial sandwich aux céréales • 60 g de comté • 20 g de noisettes en poudre • poivre

❶ Coupez le comté en fines lamelles. ❷ Disposez ces lamelles sur les tranches de pain, saupoudrez de noisette en poudre et d'un peu de poivre, recouvrez la première tranche de pain avec la seconde. ❸ Faites cuire dans un gril électrique ou au four à 180 °C (th. 6) pendant 5 à 7 minutes, le temps de faire fondre le comté.

Notre suggestion : dégustez avec une salade verte assaisonnée avec de l'huile de noisette.

Croque italien

1   5 min   8 min

2 tranches de pain de mie spécial sandwich • 60 g de mozzarella • 4 à 6 feuilles de basilic • 1 tomate • sel, poivre

❶ Coupez la mozzarella en fines lamelles. ❷ Disposez sur une tranche de pain deux ou trois feuilles de basilic, deux ou trois rondelles de tomate, la mozzarella en lamelles, puis à nouveau deux ou trois rondelles de tomate, le reste du basilic, salez, poivrez, terminez avec la seconde tranche de pain. ❸ Faites cuire dans un gril électrique ou au four à 180 °C (th. 6) pendant 6 à 8 minutes.

Notre suggestion : dégustez avec une salade de tomates et roquette, assaisonnée à l'huile d'olive.

Croque reblochon

1 · 10 min · 8 min

2 tranches de pain de mie spécial sandwich à la farine complète • 60 g de reblochon • 50 g d'oignon • muscade

❶ Coupez l'oignon en rondelles et le reblochon en lamelles. ❷ Disposez la moitié des rondelles d'oignon sur une tranche de pain, recouvrez-les avec le reblochon, saupoudrez de muscade, ajoutez le reste des rondelles, puis la seconde tranche de pain. ❸ Faites cuire au gril électrique ou au four à 180 °C (th. 6) pendant 6 à 8 minutes.

Notre suggestion : servez chaud avec une salade verte assaisonnée à l'huile de noix parsemée de quelques cerneaux de noix concassés.

Croque tofu

1 10 min 9 min

2 tranches de pain de mie spécial sandwich aux céréales • 60 g de tofu nature ou fumé • ½ cuil. à café de cardamome • ½ cuil. à café de curry

❶ Coupez le tofu en fines tranches. ❷ Saupoudrez une tranche de pain avec un peu de curry et de cardamome, disposez dessus le tofu, saupoudrez à nouveau d'épices, puis recouvrez avec la seconde tranche de pain. ❸ Faites cuire au gril électrique ou au four à 180 °C (th. 6) pendant 7 à 9 minutes.

Notre suggestion : servez chaud avec des carottes râpées ou de la betterave crue râpée.

Hot dog tofu et gruyère

1 — 10 min — 10 min

⅓ de baguette • 2 saucisses viennoises au tofu • 50 g de gruyère râpé

❶ Faites pocher les viennoises au tofu. ❷ Coupez le pain en deux dans le sens de la longueur, garnissez le pain avec les viennoises chaudes et le gruyère râpé, puis faites gratiner au four. Servez chaud avec de la moutarde.

Sandwich à l'omelette

1 — 10 min — 5 min

⅓ de baguette aux céréales • 1 œuf • 2 feuilles de salade • 5 à 7 brins de ciboulette • sel, poivre

❶ Battez l'œuf en omelette, ajoutez sel, poivre et ciboulette ciselée. ❷ Faites cuire l'omelette dans une petite poêle à revêtement antiadhésif. Lorsqu'elle est cuite, pliez la en deux ou roulez-la. ❸ Coupez le pain en deux dans le sens de la longueur, enroulez l'omelette dans les feuilles de salade, puis déposez-la dans le pain.

Sandwich au chèvre, à la pomme et aux noisettes

1 10 min

80 g de pain aux noisettes • 6 belles feuilles d'endive • 80 g de chèvre frais • 20 g de noisettes concassées • 1 petite pomme • muscade

❶ Écrasez à la fourchette le chèvre, mélangez-le avec les noisettes concassées et un peu de muscade. ❷ Tartinez-en le pain. Épluchez la pomme et coupez-la en fines lamelles. ❸ Disposez sur une tranche de pain tartinée de chèvre trois feuilles d'endive, les lamelles de pomme, puis les trois autres feuilles d'endive, recouvrez avec la seconde tranche de pain tartinée de chèvre.

Sandwich au concombre, au fromage frais et au poivre

1 — 10 min

⅓ de baguette à l'ancienne • 100 g de concombre • 50 g de carré demi-sel • poivre du moulin

❶ Coupez le pain en deux dans le sens de la longueur. ❷ Mélangez les carrés de fromage frais avec un peu de poivre moulu, puis tartinez ce mélange sur le pain. ❸ Épluchez le concombre, coupez-le en fines rondelles. ❹ Garnissez le pain tartiné avec les rondelles de concombre.

Sandwich au roquefort, à la poire et aux noix

1 — 10 min

80 g de pain aux noix • 2 feuilles de salade verte • 60 g de roquefort • ½ poire • 20 g de noix concassées • poivre

❶ Écrasez à la fourchette le roquefort et mélangez-le avec les noix concassées et un peu de poivre. Tartinez le pain avec ce mélange. ❷ Épluchez la demi-poire et découpez-la en fines lamelles. ❸ Disposez sur une tranche de pain tartinée de roquefort une feuille de salade, les lamelles de poire, puis la seconde feuille de salade, recouvrez-le tout avec la dernière tranche de pain tartinée de roquefort.

Crème au soja et au zeste de citron

4 · 10 min · 40 min

40 cl de crème de soja • 2 œufs • 30 g de sucre • 50 g de zestes confits de citron

❶ Préchauffez le four à 180 °C (th. 6). ❷ Hachez finement les zestes confits de citron. Faites chauffer légèrement la crème de soja. ❸ Battez les œufs en omelette, versez dessus la crème de soja tiède, ajoutez le sucre et le citron confit. ❹ Versez dans quatre ramequins et faites cuire au four au bain-marie pendant 30 à 35 minutes. Servez tiède ou froid.

Crème persane au lait d'avoine

4 · 10 min · 10 min

40 cl de lait d'avoine • 40 g de tapioca • 1 œuf • 40 g de sucre • 3 à 5 gouttes de vanille

❶ Cassez l'œuf en séparant le blanc du jaune. ❷ Faites cuire le tapioca dans le lait jusqu'à ce que les grains soient translucides. Laissez tiédir, puis ajoutez le jaune d'œuf, la vanille et le sucre. ❸ Battez le blanc d'œuf en neige très ferme, puis incorporez-le délicatement au tapioca au lait. Laissez refroidir avant de servir.

Crème renversée au caramel

4 · 10 min · 40 min

2 œufs • 35 cl de lait d'avoine • 100 g de sucre

❶ Préchauffez le four à 180 °C (th. 6). ❷ Versez 60 g de sucre dans une casserole, arrosez avec 2 cuillerées à soupe d'eau et faites cuire le caramel, jusqu'à ce que vous obteniez une couleur brune. ❸ Répartissez ensuite le caramel dans quatre ramequins. ❹ Faites chauffer le lait. Battez les œufs en omelette avec le sucre restant, versez dessus le lait chaud mais non bouillant, mélangez, puis répartissez dans les ramequins sur le caramel. ❺ Faites cuire au four au bain-marie pendant 30 à 35 minutes. Laissez refroidir complètement avant de démouler les crèmes.

Flan aux pommes et potiron

4 · 15 min · 35 min

2 œufs • 30 cl de lait d'avoine • 60 g de farine • 2 pommes • 300 g de potiron • 1 cuil. à café de cannelle • 40 g de sucre

❶ Préchauffez le four à 150 °C (th. 5). ❷ Épluchez les pommes. Râpez la chair du potiron et des pommes, puis mettez-les dans un plat à gratin. ❸ Battez les œufs en omelètte, ajoutez le lait, le sucre, la farine et la cannelle, puis versez la préparation dans le plat sur les pommes et le potiron. ❹ Faites cuire au four pendant 25 à 35 minutes. Laissez tiédir avant de servir.

Gâteau à la citrouille et au citron confit

4 — 15 min — 1 h — 55 min

400 g de citrouille • 50 g de citron confit • 50 g de Maïzena • 25 g de farine • 2 œufs • 7 cl de crème fraîche • 60 g de sucre • ½ sachet de levure chimique • 35 g de beurre ou de margarine • 1 cuil. à soupe de fleur d'oranger • 1 cuil. à soupe d'écorce d'orange moulue

❶ Coupez la citrouille en morceaux, faites-les cuire environ 15 minutes à feu doux dans 25 g de beurre jusqu'à ce que toute l'eau s'évapore, puis écrasez-les. ❷ Ajoutez à la citrouille les œufs, le sucre, la fleur d'oranger et la crème fraîche, le citron confit coupé en petits morceaux et l'écorce d'orange. ❸ Mélangez ensemble farine, Maïzena et levure, puis incorporez au premier mélange, laissez reposer 1 heure à température ambiante. ❹ Préchauffez le four à 210 °C (th. 7). Versez dans un petit moule à manqué beurré, faites cuire pendant 40 minutes. Ce gâteau se sert froid.

Notre suggestion : dégustez ce gâteau nature ou accompagné d'une crème anglaise ou un coulis de fruits rouges.

Gâteau aux carottes et aux amandes

4   15 min   50 min

150 g de carottes • 3 œufs • 65 g d'amandes en poudre • 1 cuil. à café de cannelle en poudre • 75 g de sucre en poudre • 2 cuil. à soupe de rhum • 4 cuil. à café de Maïzena • 10 g de beurre ou de margarine

❶ Préchauffez le four à 150 °C (th. 5). ❷ Pelez et râpez les carottes. ❸ Mélangez le sucre et les jaunes d'œufs, jusqu'à ce que le mélange blanchisse. Ajoutez-y le rhum, la Maïzena, la poudre d'amandes, la cannelle et les carottes râpées. ❹ Battez en neige très ferme les blancs d'œufs, puis incorporez-les délicatement. ❺ Versez le mélange dans un petit moule à manqué graissé, faites cuire pendant 45 à 50 minutes au four. Ce gâteau peut se manger tiède ou froid.

Notre suggestion : accompagnez ce gâteau d'une compote de pommes ou de poires.

Gâteau aux courgettes et à la noix de coco

4 — 15 min — 55 min

200 g de courgettes • 150 g de farine • 100 g de sucre • 50 g de noix de coco râpé • 75 g de beurre ou de margarine • 2 œufs • ½ sachet de levure chimique

❶ Lavez les courgettes et faites-les cuire à la vapeur pendant 20 minutes, puis mixez-les en purée. ❷ Préchauffez le four à 180 °C (th. 6). Séparez les jaunes d'œufs des blancs. Mélangez les jaunes d'œufs avec le sucre, jusqu'à ce que le mélange blanchisse. Faites fondre 65 g de beurre. ❸ Ajoutez au mélange jaune d'œuf-sucre le beurre fondu, la purée de courgette, la farine, la levure et la noix de coco râpée. ❹ Battez les blancs d'œufs en neige très ferme, puis incorporez-les à la pâte délicatement. ❺ Versez cette pâte dans un petit moule à manqué graissé et faites cuire au four pendant 30 à 35 minutes. Piquez le gâteau avec un couteau pour vérifier la cuisson. Laissez refroidir.

Notre suggestion : ce gâteau moelleux peut se déguster nature ou accompagné d'une crème anglaise.

Tarte à la citrouille et à la cannelle

4 15 min 50 min 15 min

Pâte : 125 g de farine complète • 60 g de beurre ou de margarine • 30 g de sucre
Garniture : 500 g de citrouille • 2 œufs • 75 g de sucre • 25 cl de lait d'avoine ou d'amande • 1 cuil. à café rase de cannelle en poudre

❶ Préparez la pâte : coupez le beurre en petits morceaux, mélangez-le du bout des doigts avec la farine, ajoutez ensuite le sucre et 3 cuillerées à soupe d'eau pour former un pâton. Étalez la pâte après 15 minutes de repos dans un moule à revêtement antiadhésif de 24 cm de diamètre. ❷ Râpez la citrouille, faites-la cuire à la vapeur pendant 15 minutes. ❸ Préchauffez le four à 180 °C (th. 6). Garnissez le fond de tarte avec la citrouille. Battez les œufs en omelette, ajoutez lait, sucre, cannelle, puis versez sur la citrouille. ❹ Faites cuire au four pendant 30 à 35 minutes. Servez cette tarte tiède avec une glace au miel.

Tarte aux carottes, aux noisettes et aux amandes

4 | 15 min | 55 min | 15 min

Pâte : 125 g de farine de châtaignes • 30 g de sucre • 60 g de beurre ou de margarine • 1 œuf
Garniture : 300 g de carottes • 100 g d'amandes • 100 g de noisettes • 2 œufs • 75 g de sucre • 25 cl de lait d'avoine ou de riz

❶ Préparez la pâte : coupez le beurre ou la margarine en petits morceaux, mélangez-le du bout des doigts avec la farine et le sucre, ajoutez ensuite l'œuf pour former un pâton. Laissez reposer 15 minutes, puis étalez la pâte et garnissez un moule à revêtement antiadhésif de 24 cm de diamètre. ❷ Épluchez et râpez les carottes, puis faites-les cuire à la vapeur pendant 20 minutes. Concassez les noisettes et les amandes. ❸ Préchauffez le four à 180 °C (th. 6). Lorsque les carottes râpées sont cuites et tièdes, disposez-les sur le fond de tarte, puis ajoutez les amandes et les noisettes concassées. ❹ Battez les œufs en omelette, ajoutez le lait, le sucre et versez sur les carottes. ❺ Faites cuire au four pendant 30 à 35 minutes.

Notre suggestion : servez tiède avec une glace à la cannelle ou froide.

Riz au lait de riz

4 · 10 min · 25 min

40 cl de lait de riz • 40 g de riz rond • 40 g de sucre • 3 à 5 gouttes de vanille

❶ Faites chauffer le lait, versez le riz, laissez cuire 20 à 25 minutes à feu doux, ajoutez le sucre et la vanille. ❷ Répartissez dans quatre ramequins et réservez au frais.

Notre suggestion : accompagnez ce dessert d'une compote de fruits.

Index des recettes

Les plats végétariens

Les soufflés végétariens

Les tartes végétariennes

Les mitonnés de légumes

Les crêpes végétariennes

Les farcis végétariens

Les lasagnes végétariennes

Les brochettes

Les sandwichs végétariens

Les desserts végétariens

Vous avez aimé ce livre ?
Vous aimerez aussi :

Également disponible dans la même collection

- Cuisine de l'étudiant en 140 recettes
- Accords mets et vins en 120 recettes
- Mes marques préférées en 130 recettes
- Tout le chocolat en 90 recettes
- Cake salés et sucrés en 140 recettes
- Salades express en 140 recettes
- 130 recettes à moins de 2 euros
- Sushis, makis, yakitoris & Co en 130 recettes
- Cookies, muffins and co en 100 recettes
- Apéro en 140 recettes

Le Petit Livre de Cuisine – **2,99 €**
www.editionsfirst.fr